蔦屋重三郎
江戸のメディア王と世を変えたはみだし者たち

山

宝島社新書

はじめに

江戸の出版界を牽引した名プロデューサー〝蔦重《つたじゅう》〟

「酒上不埒《さけのうえのふらち》」「朱楽菅江《あけらかんこう》」「尻焼猿人《しりやけのさるんど》」「宿屋飯盛《やどやのめしもり》」「門限面倒《もんげんめんどう》」――なんともふざけた名前だが、これらは江戸時代の狂歌師たちが自身につけた号（呼び名、狂名）である。

これらの号からもわかるとおり、当時の狂歌師たちは笑いを愛し、洒落《しゃれ》を競った。そう聞くと、狂歌師たちのイメージとして、自由気ままな商家の若旦那などを想像する人も多いだろう。しかし実際のところ、当時の狂歌師には武士が多かった。

例にあげた「尻焼猿人」にいたっては、三河時代から徳川家康に仕えた譜代大名の名門にして姫路藩主・酒井《さかい》家の次男のものである（その名を酒井忠因《ただなお》〈抱一《ほういつ》〉という）。

ある種の「お笑い」とはいえ、文学性も求められる狂歌や戯作《げさく》の世界では、それなりの教養も必要だった。そのため、幼いころから修養し、学問を修めた武士が多かったのは当然と言えるかもしれない。

そんな狂歌師や戯作者たちが、当時、江戸で急激に発展していた出版の世界で活躍することになるのは必然だったのだろう。彼らは身分の垣根を越え、町人たちとも「文学仲間」として分け隔てなくつきあい、江戸のポップカルチャーを牽引《けんいん》していった。

しかし、武士は武士である。狂歌師や戯作者、絵師などには「余技」でもなれるが、職業人として出版界に身を置くことはできない（とはいえ、中には武士の身分を捨てて戯作者や絵師になる者もいた）。

そこで、彼らと町人文化をつないだのが、当時、江戸文化の一翼を担っていた地本問《じほん》屋（江戸で出版された本を扱う本屋・出版社）であった。

中でも、一代で急激にその影響力を強めていったのが、江戸文化の集積地でもあった花街・吉原で生まれ育った板元（出版者、版元）である、狂名「蔦唐丸《つたのからまる》」こと蔦屋重三郎《つたやじゅうざぶろう》（通称・蔦重）だ。

蔦重は、当時、最新の人気メディアだった黄表紙《きびょうし》などの戯作のみならず、喜多川歌麿《きたがわうたまろ》や東洲斎写楽《とうしゅうさいしゃらく》といった浮世絵の世界でも多くのスターを輩出。さらには曲亭馬琴《きょくていばきん》、十返舎一九《じっぺんしゃいっく》、葛飾北斎《かつしかほくさい》など、その後に続く化政《かせい》文化の立役者となる有能な若者たちを次々と発掘した、仕掛け人にして名プロデューサーだった。

目次

第三章　蔦重を取り巻く謎多き奇人・粋人たち

STAFF
執筆　海老原一哉
編集　小芝俊亮（小道舎）
装丁　ブックウォール
本文デザイン・DTP　山本秀一、山本深雪（G-clef）

第一章

江戸のメディア王・蔦屋重三郎の生涯と時代

蔦屋重三郎が生きた江戸

文化の中心地となった江戸

かつての江戸、現在の日本の首都・東京が今のように栄えたのは、戦乱の世を平定した徳川家康《とくがわいえやす》がこの地で幕府を開いたことにはじまる。

それ以前の長い間、この国の政治・文化の中心地は京を中心とする関西圏、上方《かみがた》と呼ばれる地域であった。江戸幕府が開かれたことによって政治の中心は江戸へ移ったものの、その後もしばらく文化の中心は京・大坂であった。それもそのはず、そもそも江戸という街は、家康が治めるまでは漁師の家が100軒ほどあるだけの小さな漁師町で、新たな文化が育つような土地

『あづまの花 江戸繪部類』（国立国会図書館蔵）より歌川国貞画「北廓《ほっかく》月の夜桜」。吉原の表玄関・大門を描いた錦絵。

ではなかったのだ。

とはいえ、家康の入府後に江戸は徐々に発展。元禄《げんろく》時代（1688〜1704）の繁栄を経て、江戸文化が本格的に花開き、成熟したのは、幕府が開かれてから約150年後の18世紀後半、宝暦《ほうれき》（1751〜1764）から天明《てんめい》（1781〜1789）にかけての時代だった。

ようやくこの時点で、江戸が人口という点で経済的にも上方と肩を並べるほど成長を遂げたのである。そして政治だけでなく、文化の中心も上方から江戸へと移行したこの時期は、時代の転換期といえるだろう。

この、元禄文化と化政《かせい》文化に挟まれた繁栄の時代は、宝暦・天明文化と称される。そうした時代に登場したのが、江戸時代きっての名出版プロデューサー、〝蔦重〟こと蔦屋重三郎だった。

蔦重が扱った出版という文化においても、この時代より以前は上方から供給される「下り本」が人気で、江戸のオリジナルのものは多くはなかった。しかし、蔦重の時代になると、「江戸地本」という、江戸独自の出版ブームが起き、個性的な戯作者や絵師たちがその腕を競い合うことになる。

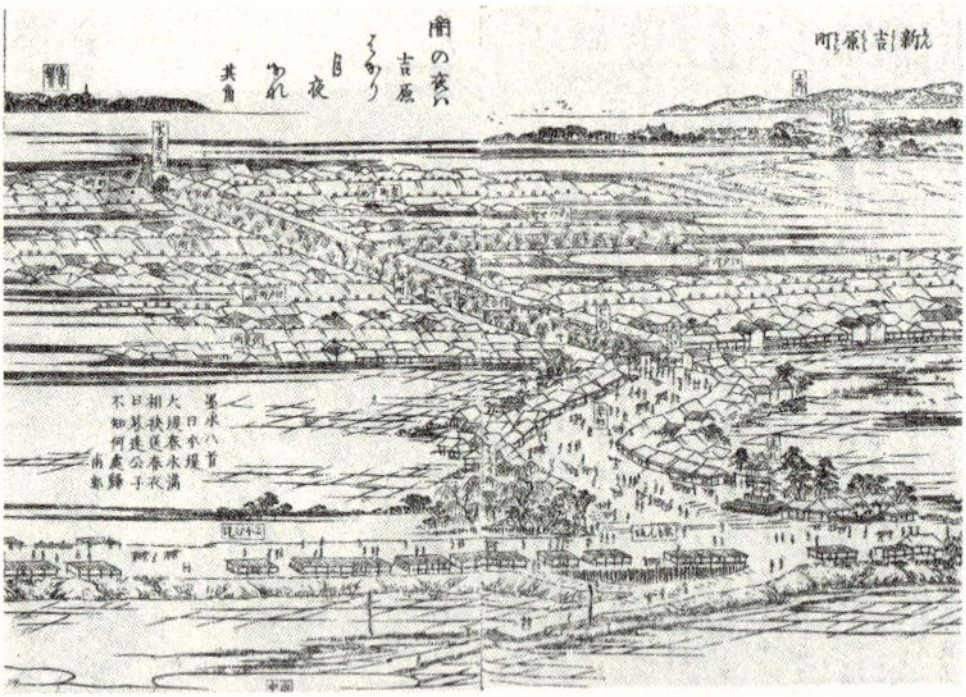

『江戸名所図会』（国立国会図書館蔵）より「新吉原町」。新吉原の入口「大門口」前の「五十軒」と書かれたあたりに新吉原時代の耕書堂があった。

江戸文化を後押しした田沼《たぬま》時代

蔦重が活躍した時代、政治の世界で権勢を振るったのが田沼意次《おきつぐ》である。

明和《めいわ》9年（1772）に老中となって以来、約15年間の間、幕府の実権を握った意次が積極的な重商主義政策（商工業を重視することで経済を発展させようとする政策）を行ったことで、江戸の経済は活発になる。

また、それ以前の享保《きょうほう》の改革による引き締めへの反動か、文化的に寛容だった田沼時代には、武士の中にも世俗を離れ、文芸や芸術活動に向かう人々が現れ、新たな文化が江戸から地方へと広がっていった。

芸術家たちの活動のためには、彼らをサポートする豪商の存在が重要であったが、意次が行った重商主義政策がそれを後押しし、当時の江戸文化の発展をうながすことになったのである。その結果、江戸では文化が活性化し、自由な空気が醸成されていった。

一方で、江戸時代を通して多かれ少なかれ賄賂《わいろ》は行われ、役人の地位なども金で売買されることが当たり前だったが、特に田沼時代には賄賂が横行した。

ただし、意次が推し進めた経済政策によって江戸の経済や文化が発展を遂げたことは間違いなく、意次の政治家としての評価を一言で下すのは簡単ではない。

意次にとって不幸だったのは、彼が権力を手中に収めていた末期に、天明の飢饉《ききん》が起きたことだ。特に東北地方での飢饉は厳しく、弘前《ひろさき》藩で8万人、盛岡《もりおか》藩で4万人、八戸藩で3万人もの餓死者が発生。さらに浅間山《あさまやま》が噴火して被害は拡大し、下総《しもうさ》（現・千葉県北部）の印旛沼《いんばぬま》の干拓工事も洪水によって失敗した。そのため生活苦から政治への不満が高まり、各地で一揆や、打ち壊しが頻繁《ひんぱん》に起きた。

江戸を中心とする都市部が発展した一方、農村部では幕府に対する不満が蓄積していった。さらに意次の跡継ぎである意知《おきとも》が、旗本の佐野政言《さのまさこと》に斬殺されるという前代未聞の事件が起きる。

そして意次の後ろ盾であった10代将軍家治《いえはる》が死去すると、意次は失脚した。

寛政《かんせい》の改革が江戸文化に与えた影響

意次の失脚後、幕府の権力を握ったのは松平定信《まつだいらさだのぶ》である。定信が行った寛政の改革の政策は田沼意次とは真逆のものであった。

定信は意次の政策の根本であった重商主義を真っ向から否定し、緊縮財政、経済統制を行っていく。これらは、定信の祖父である8代将軍吉宗《よしむね》が行った享保の改革を引き継ぐものだった。

定信の政策の中で、特に文化面に大きな影響を与えたのが、倹約を推進し、風紀の乱れに対して厳しい姿勢を見せたことだ。

定信は、将軍から庶民まで倹約と風紀是正の徹底を図り、庶民の生活レベルでは、混浴や女髪結い（女性が華美に髪を結い立てることは贅沢《ぜいたく》とされた）の禁止が言い渡される。そして娯楽的な書籍は江戸の街から消えていった。

身分を問わず、田沼時代の汚職まみれの政治に不満を持っていた江戸の人々の中には、定信の清廉潔白な政治に期待を寄せる者も多かった。しかし、定信が推し進めた政策には、とにかく〝禁止〟が多かった。

そのため、「白河《しらかわ》の清きに魚《うお》の住みかねて、もとの濁りの田沼恋しき」との狂歌が流行《はや》ったという。これは、清廉な定信（白河藩主）のもとでは息苦しく、かつての田沼時代が今となっては懐かしいという意味である。

賄賂の横行など不公平なことは許せない。しかし、あまりに厳しくなっても、暮らしにくい。いつの時代でも、人間はないものをねだるということなのかもしれない。

蔦屋重三郎の出版人生は、自由な空気を持った田沼時代において大きな成長を遂げたものの、寛政の改革によって処罰され、苦境に立たされていく。意次から定信へと権力者が替わったことで、時代に翻《ほん》弄《ろう》されてしまった人物といえるかもしれない。

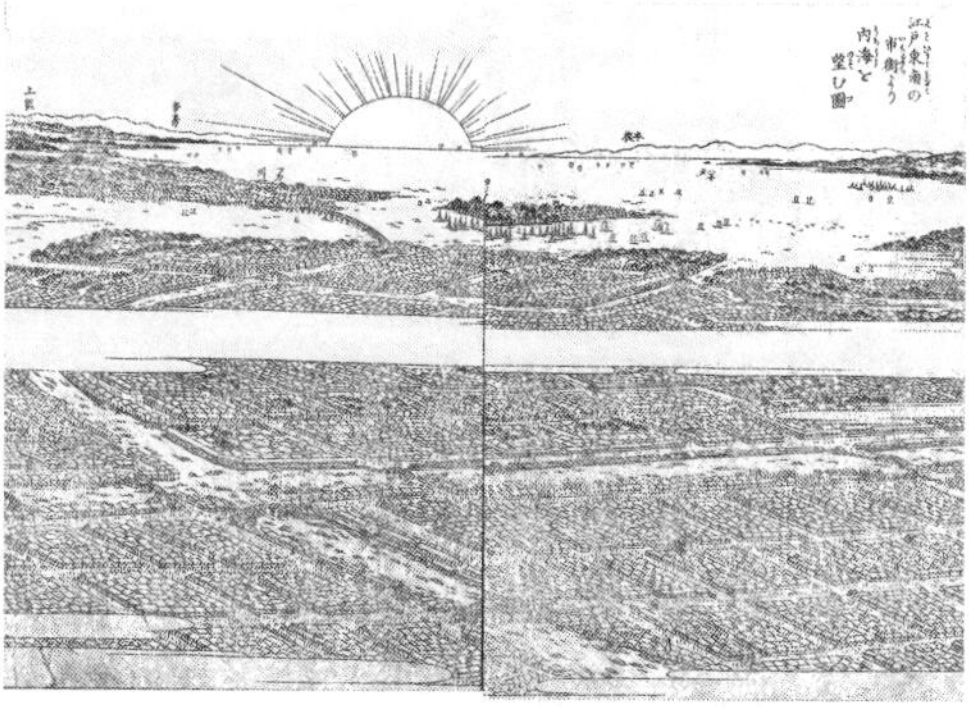

『江戸名所図会』（国立国会図書館蔵）より「江戸東南の市街より内海を望む図」。中央下が日本橋、「フカ川」の文字手前の大きな橋は永代橋。

謎多き男――〝蔦重〟の一生

新吉原大門《おおもん》前で書店を開業

〝蔦重〟こと蔦屋重三郎は、寛延《かんえん》3年（1750）に江戸・吉原で誕生した。父の名は丸山重助《まるやまじゅうすけ》といい、尾張の人。母は津与《つよ》といった。

重三郎は7歳のころ、両親の離別をきっかけに蔦屋（喜多川《きたがわ》家）の養子となる。当時、吉原には「蔦屋」を名乗る妓楼《ぎろう》や茶屋は数軒あり、喜多川家はそのうちの一つだった。

長じた重三郎は安永《あんえい》元年（1772）、新吉原大門の前に本屋「耕書堂《こうしょどう》」を開業する。23歳の時であった。

耕書堂は当初、新吉原大門口の五十間道で茶屋を営む義理の兄・蔦屋次《じ》郎兵衛《ろべえ》の軒先を間借りして出店していた。当時人気を博していた吉原のガ

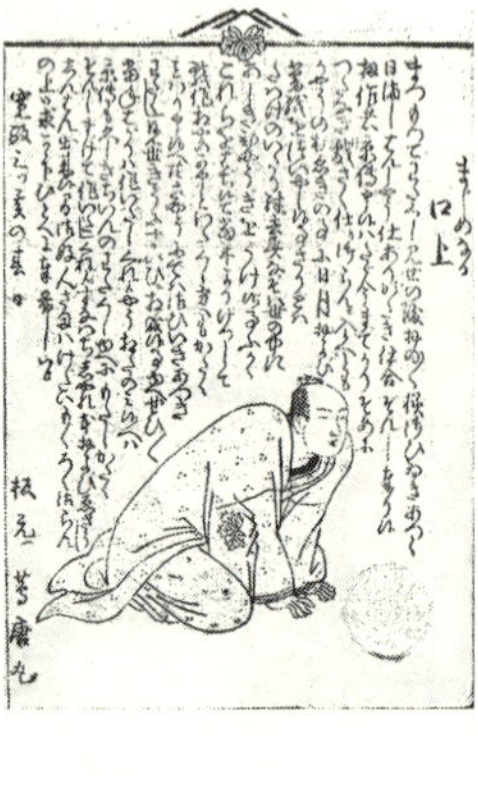

山東京伝作、蔦唐丸出版『箱《はこ》入《いり》娘《むすめ》面《めん》屋《や》人《にん》魚《ぎょう》』（国立国会図書館蔵）の扉に描かれた、「まじめなる口上」を述べる蔦屋重三郎。

イドブック『吉原細見《よしわらさいけん》』（次項参照）の販売を行うほか、吉原の妓楼や商家を主な相手として貸本業を営んでいたと考えられている。

当時、吉原は江戸文化の中心的な場所であった。そんな吉原で生まれ育った重三郎が、文化的な生業《なりわい》に憧れたのか、あるいは「これは儲《もう》かる商売だ！」と目をつけたのか、はたまた他の理由もあったのか——その動機は定かではないが、江戸随一の歓楽街での書店開業をきっかけに、のちに江戸を代表する地本問屋となる重三郎の出版人生がスタートする。

蔦重の台頭と『吉原細見』

耕書堂の開店からほどなく、安永3年（1774）に、重三郎は出版に乗り出す。最初の刊行物は、吉原の遊女たちの評判を木蓮《もくれん》や山葵《わさび》などの挿《さ》し花に見立てて紹介した遊女評判記『一目千本《ひとめせんぼん》』であった。

重三郎は最初、この本を書店では売らずに一流の妓楼にだけ置き、登廓した上客のみが見られるようにしたという。すると実物を見ることができない一般庶民たちは「どんな本なのだろう」と興味を引かれ、巷《ちまた》の評判となった。こうした仕掛けをしたうえで一

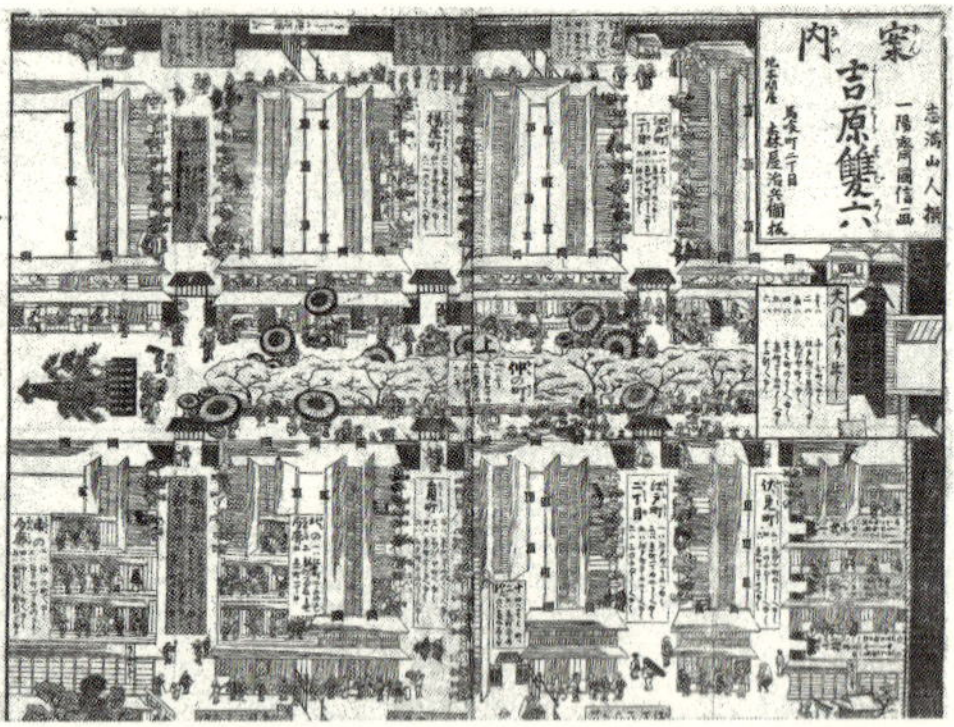

歌川国信画『案内吉原双六』（東京都立中央図書館蔵）。江戸時代後期の新吉原のイラストマップ式双六。

般向けに販売したところ、『一目千本』は大いに注目を集めたという。

このエピソードからは、重三郎が単なる出版人としてだけでなく、マーケティング（あるいはブランディング）巧者であった一面もうかがえる。

さらにその翌年、重三郎は、それまで販売のみを手掛けていた『吉原細見』の出版を手掛けるようになる。『吉原細見』とは、廓《くるわ》の地図、代金、遊女の名簿などを記した冊子で、内容を更新し続けて出版をするもの。いわば吉原の総合ガイドブックである。購読者は江戸の町民や江戸在勤の武士たちで、参勤交代で江戸に来た武士たちの間では、国に戻る時のお土産《みやげ》としても重宝されていたという。

『吉原細見』は、もともと地本問屋の鱗形屋《うろこがたや》孫兵衛《まごべえ》がほぼ独占的に出版していたが、ちょうどこのころ、大坂の板元が出版した『早引節用集《はやびきせつようしゅう》』という本を鱗形屋の手代が『新増《しんぞう》節用集』と改題して勝手に売り出したことから訴訟騒ぎとなり、処罰を受けた鱗形屋は『吉原細見』を刊行できなくなっていた。その隙を突く形で、重三郎が『吉原細見』の出版に乗り出したのだった。

出版物の領域を拡大

重三郎は、もともと人気シリーズだった『吉原細見』を、余分な装飾を削るなどの改良を加えて利用者の使い勝手をよくすることで、さらなるヒットへと導く。さらには『吉原細見』の広告的な価値を吉原の関係者に理解をさせ、店と協力的な関係を築いたことも大きかった。

それだけではない、重三郎は福内鬼外《ふくちきがい》（平賀源内《ひらがげんない》）など著名な文化人に序文や挿絵を依頼することで、『吉原細見』に文化的な付加価値を加えた。

吉原で生まれ育ち、吉原で商売を営んできた重三郎だったからこそ、地の利や人脈をフル活用して正確な情報を集め、まとめることができたという側面もあったのだ。

その後、鱗形屋も『吉原細見』の出版を再開するが、蔦屋版の評判は高まる一方だったため売れ行きは低迷し、撤退を余儀なくされる。

　このヒットで得た財力をもとにして、重三郎はさらに出版物の領域を広げていく。

　安永5年（1776）には、浮世絵師・北尾重政《きたおしげまさ》と勝川春章《かつかわしゅんしょう》の競作による、吉原の遊女たちの四季折々の姿を描いた錦絵本『青《せい》楼美人合姿鏡《ろうびじんあわせすがたかがみ》』を日本橋本石町《ほんごくちょう》の地本問屋・山崎金兵衛《やまざききんべえ》と共同出版し、評判となる。

　さらに安永6年（1777）には、当時、人気だった富本節《とみもとぶし》（浄《じょう》瑠璃《るり》の一派）の正本《しょうほん》（音曲の歌詞などを記した本）や稽古本の出版権を得る。また、安永9年（1780）には、新興ジャンルとして人気を博していた黄表紙《きびょうし》の出版に乗り出したほか、継続的な売り上げが見込める往来物《おうらいもの》（寺子屋や家庭で用いられた初等教育書）の出版も開始。江戸を代表する板元としての地歩を固めていくことになる。

　黄表紙は大人向けの絵草紙（挿絵入りの小冊子。黄表紙の登場以前は子ども向けのものが多かった。草双紙、絵双紙とも）の一種で、江戸で誕生した

恋川春町作、蔦屋出版『廓篤《さとのばかむら》費字尽《むだじづくし》』（国立国会図書館蔵）に描かれた新吉原大門口の蔦屋店頭。

最初の黄表紙は安永4年(1775)に刊行された恋川春町《こいかわはるまち》作・画、鱗形屋孫兵衛出版の『金々先生栄花夢《きんきんせんせいえいがのゆめ》』とされる。この本は評判となり、その後、続々と似た趣向の黄表紙が出版されるようになった。

一流の地本問屋の仲間入りを果たす

黄表紙の誕生から5年後の安永9年(1780)、重三郎が初めての黄表紙『伊達模様《だてもよう》見立蓬莱《みたてほうらい》』(作者不明)を出版。そして翌安永10年(1781)、重三郎が手掛けた朋誠堂《ほうせいどう》喜三二《きさんじ》(平沢常富《ひらさわつねとみ》)作の黄表紙『見徳一炊夢《みるがとくいっすいのゆめ》』が、絵草紙評判記『菊寿草《きくじゅそう》』で巻頭極上上吉に位付《くらいづけ》される。

これを喜んだ重三郎は、『菊寿草』の作者の一人で、人気狂歌師であり一流文化人でもあった四方山人《よもさんじん》(大田南畝《おおたなんぽ》)のもとを訪ねる。このときから、南畝と重三郎は親しく交わるようになったという。

黄表紙は、絵が欠かせない本である。そのため、黄表紙に挿絵を描く絵師たちも重三郎のもとに集まってきた。この関係性を活かして、のちに重三郎は浮世絵のプロデュースも行うようになっていく。

こうして出版プロデューサーとしての実績を着々と積み上げていった重三郎は、天明3年(1783)、耕書堂の本店を吉原から当時の出版界の中心地であった日本橋の通《とおり》油町《あぶらちょう》(現・日本橋大伝馬町《おおでんまちょう》)へ移し、さらに商売の規模を拡大させていく。

江戸一番の繁華街として栄えていた本町《ほんちょう》通りに続く通油町は、江戸の中においても最上の一等地であり、この本店移転は重三郎が名実ともに一流の地本問屋の仲間入りを果たしたことを意味する。この時、重三郎34歳。吉原大門前での書店開業から、わずか10年ほどのことであった。

狂歌がつないだ重三郎の人脈

いくら重三郎が金勘定の上手《うま》い商売人であったところで、実際に書籍を作るためには才能ある人材を確保する必要がある。そこで人脈の源泉として機能したのが、当時、江戸の各所にあった「狂歌連《きょうかれん》」と呼ばれる狂歌サークルだった。

狂歌とは、和歌の形式を借りて社会風刺や滑稽を取り込んだもので、重三郎の時代には「天明狂歌」という大ブームが起こっていた。

重三郎は、狂歌連の一つであり、天明狂歌壇の一翼として活躍していた加保茶元成《かぼちゃのもとなり》が主催する「吉原連」に所属していた。この「連」には文化サロン的な意味もあり、重三郎にとっては人脈を広げるためにも大いに役立っていた。

ちなみに、重三郎も「蔦唐丸《つたのからまる》」との狂名で作品をつくっていたが、あまり創作自体は得意でなかったようだ。曲亭馬琴は「蔦唐丸の作品は代作」とも証言をしている。

ただし、馬琴はもともと武家の出ながら若いころに蔦屋の手代をしていたことがあり、重三郎に対して複雑な思いを抱いていた可能性もある。そのため、言葉どおりに受け止めてよいかどうかは微妙なところである。

重三郎は、人気狂歌師たちを集めて船遊びをし、そこで詠まれた作品を編集して書籍化することもあった。さらにはこの狂歌人脈を活かして、絵と狂歌を組み合わせた「狂歌絵本」という新ジャンルを開拓している。このあたりのアイデアは、さすが名プロデューサーといえるだろう。

天明6年（1786）、重三郎が最初に世に送り出した狂歌絵本『吾妻曲狂歌文庫《あづまぶりきょうかぶんこ》』は大ヒットとなる。その後も狂歌絵本は耕書堂の人気ジャンルとして、数々の名作が生まれた。

重三郎が生み出した「狂歌絵本」で名をあげたのが、今や世界的にその名を知られる

恋川春町作の戯作『吉原大通会《だいつうえ》』（国立国会図書館蔵）に描かれた狂歌師たち。手前左から二人目の硯箱を持つ人物が蔦唐丸（蔦屋重三郎）で、画面右上が手柄岡持《てがらのおかもち》（朋誠堂喜三二、平沢常富）、その向かって左が四方赤良《よものあから》（大田南畝）。

人気浮世絵師の一人である喜多川歌麿である。

歌麿はもともと、「筆綾丸《ふでのあやまる》」の号を持つ狂歌師でもあり、重三郎と同じ「吉原連」の仲間であった。歌麿は天明6年に出版された『絵本江戸爵《すずめ》』を皮切りに、重三郎が企画した数々の狂歌絵本の画工を務めるようになる。

そうして生まれたのが「歌麿三部作」とも称される、豪華な多色刷りで制作された狂歌絵本三部作『画本虫撰《えほんむしえらみ》』『潮干《しおひ》のつと』『百千鳥《ももちどり》狂歌合《あわせ》』であった。

この三部作の成功が浮世絵師としての歌麿の名声を高め、のちに重三郎の企画で売り出す歌麿の代表シリーズ「大首絵」

などの美人画へとつながっていく。

時流の変化と幕府からの弾圧

「吉原細見」「黄表紙」「狂歌絵本」と様々なアイデアで時代の先端をリードした重三郎だったが、時の政権の交代により、その前途に暗雲が立ちこめる。

天明6年（1786）に、時の老中・田沼意次が失脚。11代将軍徳川家斉《いえなり》のもとで松平定信が老中になり、寛政の改革がはじまった。

この改革により、武士から江戸庶民にまで質素倹約、文武両道が掲げられると、重三郎は『文武二道万石通《ぶんぶにどうまんごくどおし》』を発売する。これは朋誠堂喜三二の作で、時代設定は鎌倉時代に移しているものの、定信の改革を揶揄《やゆ》する内容であった。

さらに寛政元年（1789）には、恋川春町作『鸚鵡返文武二道《おうむがえしぶんぶのふたみち》』を出版。これは『文武二道万石通』の続編を意図した作品で、同じく定信による寛政の改革を風刺する内容だった。

これで幕府から目を付けられたためだろうか、寛政3年（1791）には、山東京伝《さんとうきょうでん》が遊女と客の駆け引きを描いた『娼妓絹籭《しょうぎきぬぶるい》』など洒落本三部作が出版統制に触れ、京伝は手鎖《てじょう》（両手首に鎖をはめられる刑）50日の刑に処され、板元であった重三郎も財産半減の処分を言い渡される。

寛政の改革によって幕府が出版界に厳しい目を向ける中で、重三郎は見せしめ的に処分されたのだろう。

また、本業は武士で秋田藩江戸御留守居役だった朋誠堂喜三二は、主家である佐竹家から見とがめられ執筆活動を自粛。同じく武士で駿河小島《おじま》藩士だった恋川春町は、幕府から呼び出しを受けるも出頭せず、ほどなく謎の死を遂げる（自殺とする説もある）。

この事件をきっかけに耕書堂はその勢いを落としていくが、重三郎は浮世絵に活路を求める。そしてプロデュースしたのが、浮世絵師・東洲斎写楽だった。

現在でも「写楽はいったい誰なのか？」と話題になるこの謎多き人物は、寛政6年（1794）から1年未満で140点ほどの作品を発表する。

しかし、重三郎の期待に反しその評判は芳しくなかったためか、わずか10カ月ほどの活動期間ののち、写楽は表舞台から姿を消す。

その後、写楽の作品が再び注目を集めるようになるのは、明治時代にアメリカの東洋美術史家アーネスト・フェノロサに「発見」されたのちのことである。

「江戸患《わずら》い」に倒れる

寛政8年（1796）、47歳の時に、重三郎は体調を崩す。食欲がなく足がだるい。顔がむくんでいく。医師からは脚気《かっけ》と診断された。

当時の江戸では、それまで贅沢品であった白米が食べられるようになり、その結果、ビタミンB_1が欠乏する者が増え、脚気が流行していた。そのため、脚気は「江戸患い」ともいわれていた。

重三郎の病は重くなる一方で、ついに寛政9年（1797）5月6日、重三郎は最期の時を迎える。この日、重三郎は「午《うま》の刻（正午）に死ぬだろう」と自らの死を予言したという。

しかし、その時が来ても死ななかった。すると蔦重は、「自分の人生は終わったが、いまだ命の終わりを告げる拍子木が鳴らない。おそいではないか」と笑い、これが最後の言葉になったという。息を引き取ったのは夕刻のことであった。享年48。

重三郎亡きあと、「蔦屋重三郎」の身代は番頭だった勇助《ゆうすけ》（2代目蔦屋重三郎）が継ぎ4代まで続いたが、かつての隆盛を取り戻すことはなかった。

蔦重と江戸の出版文化

江戸時代の出版事情

日本の民間における印刷物の出版文化は、慶長《けいちょう》年間（1596〜1615）にまで遡る。京を発祥とする出版文化は、江戸時代になると各地に広がっていき、大坂、そして江戸でも書店が増えていった。江戸では、寛永《かんえい》（1624〜1644）のころには本屋があったというが、当時は、基本的に本は上方から流れてくるもので、これを「下り本」といった。

当初は活字印刷が主流だったが、商業出版が盛んになりはじめたこのころから、木版印刷が主流となっていった。

十返舎一九作・画『的中《あたりやした》地《ぢ》本問屋《ほんどいや》』（国立国会図書館蔵）に描かれた地本問屋の様子。

江戸で独自の出版文化が発展していくと、江戸発の書籍が続々と誕生していく。これらは「下り本」に対して「地本」と呼ばれた。〝地〟とは地元のことで、上方ではなく、地元(江戸)で制作された本という意味である。

ただし、江戸発の本でも、学術的なものなど堅い内容の本は「地本」とは呼ばれず、庶民にでもわかりやすい仮名草子や草双紙といった通俗小説のようなものが、特に「地本」と呼ばれていた。

この「地本」を制作していたのが「地本問屋」である。江戸の「地本問屋」は、現在でいうところの出版社と書店を兼ねた存在であった。

江戸時代中期から後期にかけて、宝暦・天明期を代表する「地本問屋」こそ、蔦屋重三郎である。

一揆や打ち壊しが盛んに起こった天明期において、一時期、江戸の出版界は停滞する。しかし、寛政期には順調に復活を遂げ、上方の出版界を完全に追い越すまでに成長を遂げていった。

ちなみに、この時代はまだ本が高級品であったため、購入するのではなく、貸本屋で借りて読む人が多かった。しかし、この貸本屋があったことで読者が増え、江戸の出版ビジネスは成長していった。

江戸の出版が発展していくと、やがて大坂でも、江戸の草紙を専門に扱う業者が現れ、増えていった。かつて文化は「上方から江戸へ」と流れていたが、いつしか逆流し、江戸の文化が各地へと広まっていったのである。

一方、18世紀半ばには、浮世絵を多色摺り印刷する技術が開発され、その華やかな色彩から「錦絵《にしきえ》」と呼ばれるようになる。また、絵師・彫師・摺師《すりし》の分業制の確立により量産が可能になり、低価格で売り出されたことで庶民の間に広まった。

時代を彩った黄表紙、狂歌本、錦絵

地本の発展により、江戸では続々と新たなジャンルの出版物が生まれた。次にあげるのは、蔦重が主に手掛けていた出版物である。

【黄表紙】…多くの場合、五丁（10ページ）が基本で上下2冊、または上中下の3冊からなるものが多い。すべての丁に挿絵があることが前提で、文章は平仮名が多く、庶民でも気軽に読めるものになっていた。安永4年（1775）から約30年の間に、およそ2

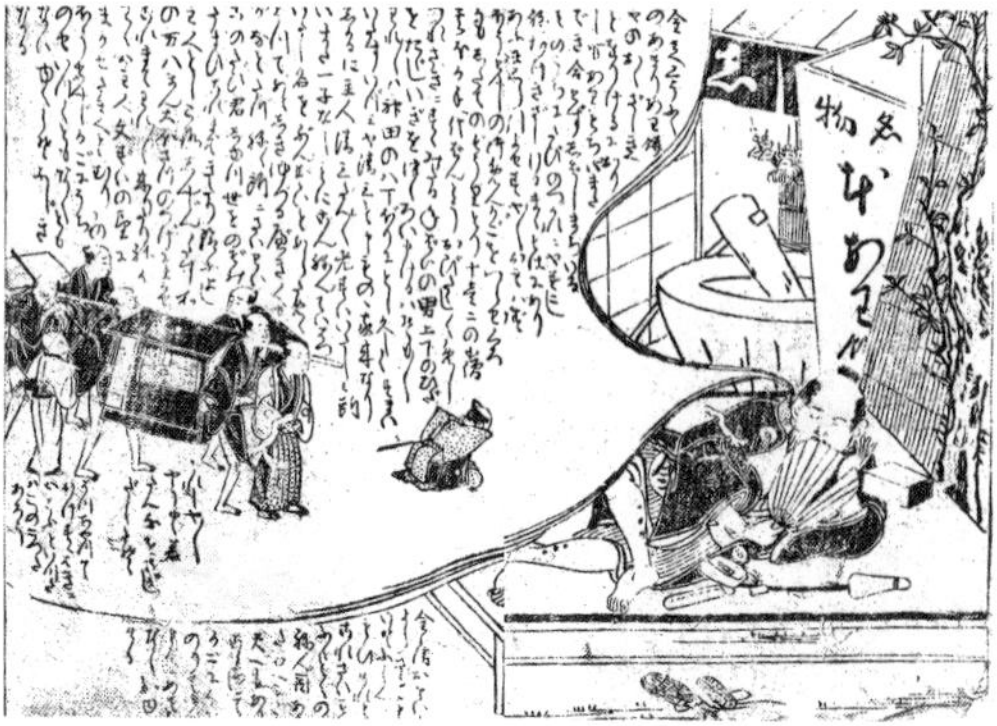

恋川春町作・画、鱗形屋孫兵衛出版『金々先生栄花夢』（国立国会図書館蔵）の一頁。本作は黄表紙の始まりとされる。

０００種が発売されたといわれている。代表的な作家として、恋川春町、山東京伝、朋誠堂喜三二らがいる。後世、表紙が黄色いため「黄表紙」と呼ばれた。

【洒落本】…遊里を題材にした小型の本で、遊女や遊客の言動やふるまいを、会話を主にして写実的に描いたものが多かった。天明期の半ばに洒落本の第一人者・山東京伝が登場し全盛期を迎えるが、寛政の改革によって多くの洒落本が絶版処分を受け、一時的に衰えた。

【狂歌本】…狂歌は和歌から派生したもので、気の利いた冗談で世間を茶化し、社会に対する不満を吐き出すものが多かった。上方で生まれ、江戸で本格的に開花。特に天明期には、国学者で歌人であった内山《うちやま》賀邸《がてい》が好み、弟子たちにもすすめたことからブームとなった。蔦重ら江戸の地本問屋は、人気の狂歌師たちの作品を集めた狂歌本を積極的に発売。蔦重は狂歌絵本という新ジャンルを生んだ。

【錦絵】…それまでの浮世絵版画では3色程度しか表現することができなかったが、明和期（1764～1772）には、技術が進歩したことで絵師の思いのままに色を表現できるようになる。この美しい色彩の浮世絵版画を錦絵といった。やがて江戸で評判の美人が描かれるなど、錦絵は大衆化されていった。

なお、黄表紙を含む草双紙や洒落本、蔦重以降に登場する滑稽本など、江戸中期以降の通俗小説を総称して「戯作本」という。

これらの出版物は、あくまでも娯楽が目的の消耗品という共通する特徴がある。いわば、江戸時代の

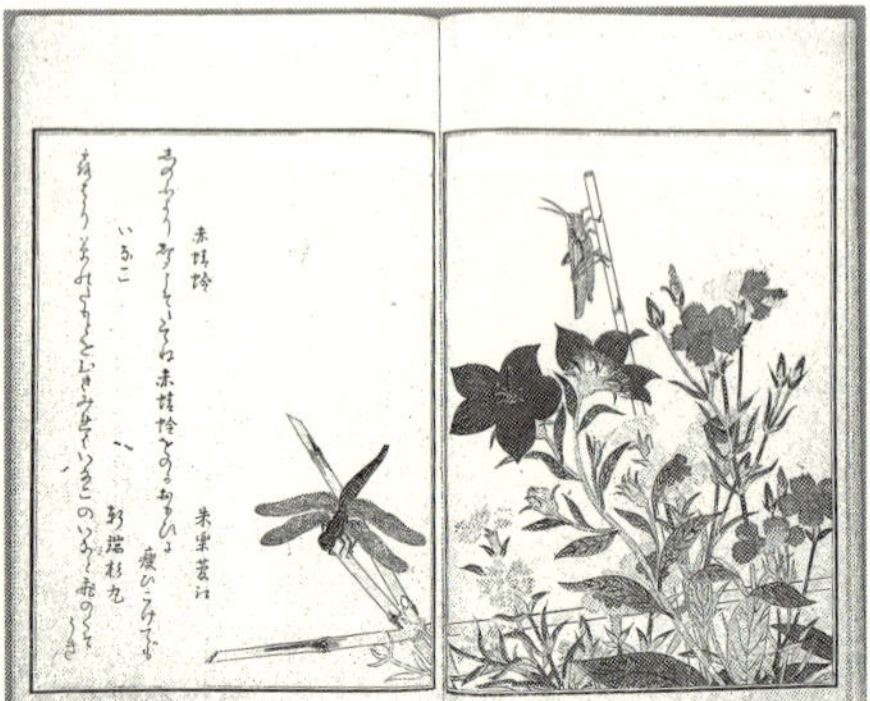

喜多川歌麿筆、宿屋飯盛撰、蔦屋重三郎出版『画本虫撰』（国立国会図書館蔵）。絵を主体とした狂歌本「狂歌絵本」の代表作の一つ。

サブカルチャーといえよう。

江戸時代の意外なベストセラー

江戸ならではのヒット商品として知られた出版物が、先にも触れた『吉原細見』である。『吉原細見』は地方在住者へのお土産としても人気だった。たとえ直接通うことができなくても、華やかな吉原を思い描くことで楽しんでいたのであろう。

『吉原細見』と同じく、江戸のガイドブックとしてヒットしたのが『江戸鑑《かがみ》』だ。『江戸鑑』とは、諸大名などの氏名や官位、石高、家紋、居城、江戸屋敷、家臣の名前などを記した「武鑑」のこと。

江戸の庶民の中には、諸国から江戸に集まってくる大名行列を遠くから見て楽しんでいた者も多かったようで、『江戸鑑』は大名行列を見学する際のガイドブックとしても重宝された。

もちろん、江戸時代にも人事などは常に変化していたため、『江戸鑑』には最新の情報が掲載されていないと意味がなかった。そのため、地本問屋は毎年のように情報を更新して発売することで儲けていた。

蔦重ゆかりの地① 吉原《よしわら》

新吉原の誕生

江戸幕府が誕生してほどなく、現在の日本橋人形町あたりに遊女街の建設が許可された。これを吉原と呼んだ。江戸の街で唯一、公式な許可を得て運営された遊郭である吉原は、しっかりと税金も収めていた。街は他の地域と区別するため周囲に堀がめぐらされ、唯一の出入り口である大門が設置された。

吉原は遊郭として、江戸の街の発展とともに成長を遂げていく。

しかし、江戸の人口が増えると、吉原のある場所が江戸の中心部に近すぎることが問題となった。売春街

が近いことによって、街の風紀が乱れることが懸念されたためだ。

そこで幕府は、明暦《めいれき》2年（1656）に吉原の移転を命じる。翌年の明暦の大火を経て、新しく選ばれた場所は浅草の裏の千束《せんぞく》村であった。

当時、この場所は郊外であり、吉原の関係者からしてみれば、客に来てもらえるような場所とは思えなかった。そのため反対の声があがったが、幕府はこれまでよりも5割増しの土地を用意し、さらに引越料1万5000両を与えるという条件を提示することで、手を打つことになった。

以来、移転前の吉原は「元吉原」、新しく移転した場所は「新吉原」と呼ばれるようになった。

心配された客足については、「新吉原」ではこれまで禁止されていた夜間営業が解禁されたこともあり、

五渡亭（歌川）国貞画、栄寿堂西村屋与八出版『吉原遊郭娼家之図（青楼二階之図）』（国立国会図書館蔵）。

むしろより繁盛するようになっていった。

吉原が持つ二つの顔

吉原は、前述のとおり江戸幕府が認可した公娼街であり、売春を生業とする人々が暮らす街である。

当然、そこで働く女性たちは体を売って暮らす。現在のような医学的な知識や対策もなかったため、楼内の遊女たちには性病が蔓延《まんえん》し、多くは長く生きられなかったという。

亡くなった遊女たちのほとんどは、たいした供養もなく、投げ込み寺と呼ばれる場所に捨てるように葬られた。新吉原に移転後は、三ノ輪《みのわ》の浄閑寺《じょうかんじ》がもっぱら投げ込み寺とされていた。

そうした暗部とは裏腹に、吉原は、金の飛び交うきらびやかな街でもあった。ある幕末の記録によると、一夜で吉原の街に落ちる金額は70

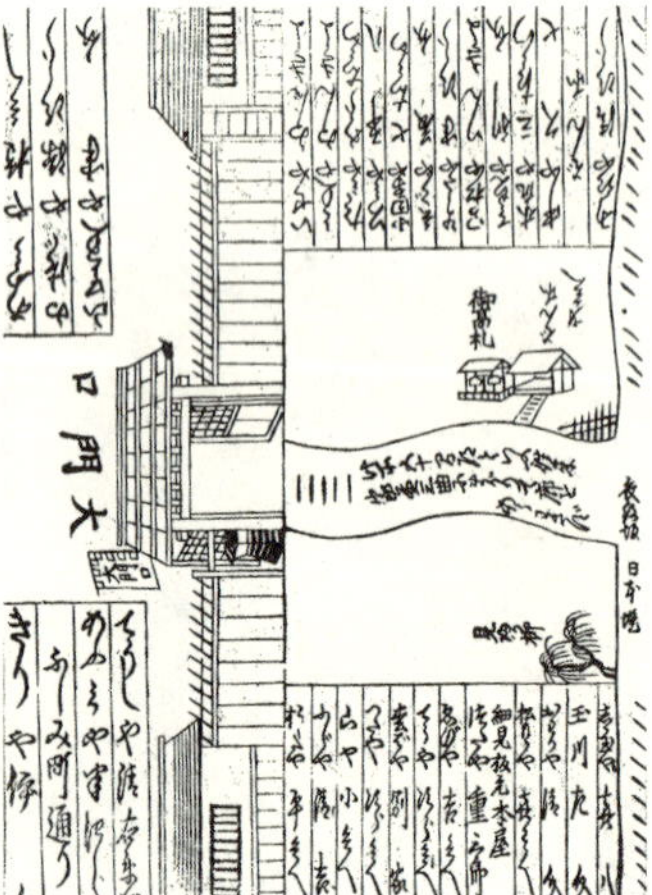

蔦屋重三郎が安永8年（1779）に出版した『吉原細見』（国立国会図書館蔵）。大門前の店舗の中に「細見板元本屋　つたや重三郎」の文字が見える。

00両以上と記されている。

主な客層は大名、高級旗本、豪商など。彼らを接待するために、妓楼の室内の調度品や寝具は高級品がそろえられ、遊女たちも和歌、俳諧《はいかい》、茶などの教養や芸を身につけていた。そして、食費など吉原で客が負担する料金は、市中の価格よりも高く設定されていた。いわば「最高のおもてなし」を提供していたのだ。

吉原は売春街であると同時に、江戸最大の社交場としての機能も持ち合わせていた。吉原育ちの蔦重も、この街で多くのコネクションを持っていたが、そうした環境や仕組みは、彼が活躍する以前から存在していた。

元吉原の創設者であった庄司甚右衛門《しょうじじんえもん》の後裔にあたる庄司道恕斎《どうじょさい》は、吉原に出入りする俳人たちの作品集を4冊出版している。このような文化サロンとしての側面は、いわば吉原の伝統の一つであった。

そして、吉原は文化の発信地でもあった。

「花魁《おいらん》」は高級遊女を指す言葉で、彼女たちは庶民から見れば高嶺《たかね》の花であり、現在で例えるとアイドルタレントのような存在でもあった。

また、現在でも女性アイドルに熱狂する女性ファンがいるが、この時代の吉原でも同じような現象が起きている。花魁は、女性たちから見ればファッションリーダーのような存在であった。たとえば、江戸時代初期には「勝山《かつやま》」という遊女の髪型が庶民の間で大ブームとなり、「勝山髷《まげ》」と呼ばれた。

アイドルであれば、写真も欲しいところ。そんな需要に応えていたのが浮世絵である。蔦重と組んだ喜多川歌麿は多くの遊女の作品を残しており、のちに「青楼（遊郭のこと）の画家」と称されたほどだ。

吉原の発展を支えた大黒屋《だいこくや》庄六《しょうろく》

文化面だけでなく、他にも吉原発のものは多く存在する。

仕出し料理というものがあるが、これは吉原から生まれたシステムといわれている。また、吉原には、

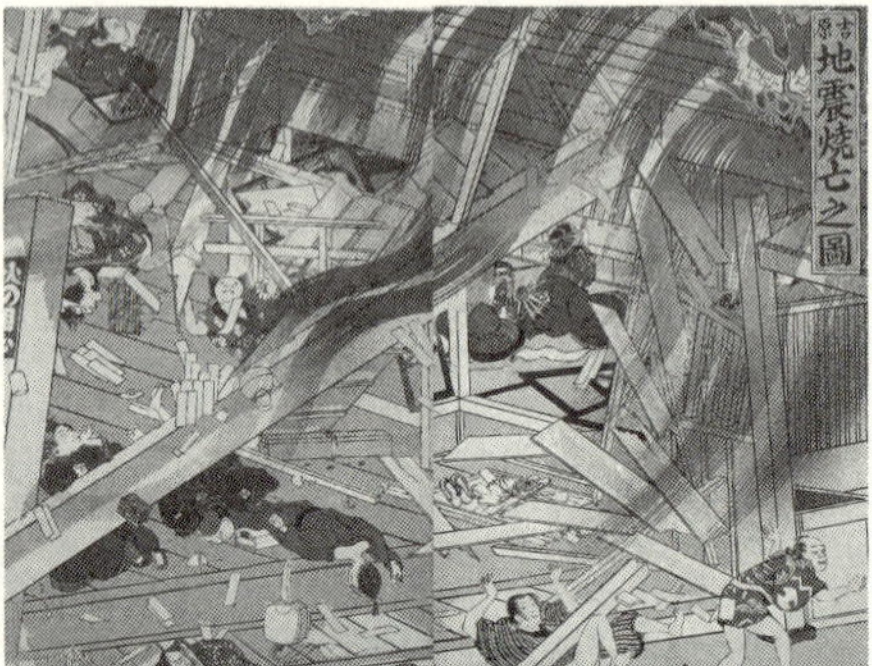

『江戸大地震之絵図』（国立国会図書館蔵）より「吉原地震焼亡之図」。安政2年（1855）の大地震のときの吉原を描いたもの。吉原は度々火災に見舞われたが、遊女屋が全焼すると期間を定めて吉原以外の場所（仮宅）で営業した。

享保《きょうほう》10年（1725）には7基もの掘り抜き井戸が設置されていたという。当時、掘り抜き井戸は有力大名の屋敷か吉原にしかない最先端の設備であり、経済の中心地であった日本橋にすらなかった。

蔦重の時代には、吉原のシステムも変わった。その立役者が大黒屋庄六だ。

吉原では、花魁を迎える前に芸者を呼んで宴を催すのが習わしだった。そこで庄六は、明和年間（1764～1772）に吉原の芸者や幇間《ほうかん》（宴席を盛り上げる男芸者。太鼓持ち）の管理をしたり、玉代《ぎょくだい》（芸者や遊女を呼んで遊ぶ時の代金）の勘定をしたりするための見番《けんばん》を作った。

庄六は、吉原の芸者を一手に管理することで収益をあげるとともに、芸者による売春などのルール違反の取り締まりも行い、吉原で身を売る芸者は激減したという。

庄六はもともと妓楼を経営していたのだが、新たにはじめた見番のほうが儲かったらしく妓楼を廃業。安永8年（1779）には、見番の経営で得た収益の一部を使って、日本堤《にほんづつみ》（隅田川の堤防で、吉原通いのための道でもあった）の補修や吉原の下水道の修理などを行っている。なお、庄六は浄瑠璃『碁太平記白石噺《ごたいへいきしろいしばなし》』に登場する妓楼の主人・大福屋惣六《そうろく》のモデルとしても知られる。

吉原に生きた名妓たち

長い吉原の歴史の中では、名も残らぬまま死んでいった遊女が無数にいた。しかし、そんな中でも後世に名を残した名妓たちがいる。先ほど少し触れた「勝山」も、そうした伝説の遊女の一人である。

名妓として特に名高かったのは、吉原でも格式の高いことで知られた妓楼・三浦屋の高尾太夫《たかおだゆう》である。高尾太夫は、三浦屋のもっとも位の高い太夫が代々名乗る名跡で、11代まで続いたと言われている。

2代目の高尾太夫は、江戸時代の「三大お家騒動」の一つで、陸奥仙台藩で起こった伊達騒動にもその名が登場する。放蕩《ほうとう》息子として知られた伊達綱宗《つなむね》が彼女に夢中になりすぎたことが、騒動の発端だともいわれているのだ。史実かどうかはさておき、名門・伊達家を混乱させるほどの魅力的な女性であったということだろう。

また、5代目は、彼女のもとに家財を使い果たしてまで通い詰めた紺屋の九郎兵衛《くろべえ》に惚《ほ》れて、その男と結婚したことが話題になった。その後は料理屋を繁盛させたとの話や、落ちぶれてしまったという話が残っているが、はっきりしたことはわかっていない。

他にも、歴代の高尾太夫の中には大名の側室となったものもいたようだ。

蔦重と同時代を生きた5代目瀬川《せがわ》

蔦重と同時代を生きた5代目瀬川もまた、歴史に名を残した遊女の一人だ。〝瀬川〟は、吉原の遊女屋・松葉屋の名跡である。

５代目は安永４年（１７７５）に名跡を継いですぐ、その年の暮れには盲目の高利貸し・鳥山検校《とりやまけんぎょう》に、１４００両（現代のおよそ１億４０００万円）で身請けされたという。

ある江戸時代の日記には、遊女を身請けしようとしたら、６００両をふっかけられたとの記録が残っているが、その倍以上の金額である。５代目瀬川の身請けに、いかに莫大《ばくだい》な金額が必要であったかがわかるだろ

北尾政演《まさのぶ》（山東京伝）画、耕書堂蔦屋重三郎出版『新美人合自筆鏡』（国立国会図書館蔵）に描かれた6代目瀬川（右側の女性）。書は瀬川の自筆とされる。

う。

そもそも、苦界十年《くがいじゅうねん》と呼ばれる吉原の世界から抜け出す方法は、年季が明けるまで働き続けるか、客が金を出して身請けをしてもらうかしかなかった。しかし多くの遊女は、身請けされるような幸運には恵まれず、年季が明ける前に病気で亡くなったという。

そう考えれば、5代目瀬川は幸運なほうだったのかもしれない。

ただし、この鳥山検校は、不法貸付を行ったとして安永7年(1778)に捕らえられ、処罰されている。

身請けされたのち、5代目瀬川がどんな人生を歩んだのかは定かではないが、鳥山検校が捕らえられたのと同じ年、彼女を悲劇のヒロインとした洒落本『契情買虎之巻《けいせいかいとらのまき》』が出版されている。

遊女の身請け話が洒落本の題材となることからも、この時代、彼女たちがいかに世間の注目の的であったかがわかるだろう。なお、『契情買虎之巻』は、洒落本のあとを受けて天保期(1830~1844)に全盛期を迎える人情本の祖とされる。

2025年のNHK大河ドラマ『べらぼう~蔦重栄華乃夢噺~』で女優の小芝風花《こしばふうか》が演じる蔦重の幼なじみの花魁「花《はな》の井《い》」は、のちに5代目瀬川となる設定である。

蔦重ゆかりの地②　通油町《とおりあぶらちょう》

大店がひしめく江戸の一等地

天明3年（1783）9月、蔦重は、吉原から本店を日本橋の通油町に移した。同業の丸屋小兵衛《まるやこへえ》の旧邸を買い取り、本店としたのである。もとの吉原の店は『吉原細見』の販売所として残し、手代の徳三郎《とくさぶろう》にまかせたという。

当時の通油町近辺には、鶴屋喜右衛門《つるやきえもん》、村田屋治郎兵衛《むらたやじろべえ》など一流の地本問屋が店を構えており、経済はもとより、出版文化においても中心地だった。現代になぞらえれば、郊外で起業した個人商店が、事業規模を拡大して大企業が軒を連ねる都心の一等地に進出したようなものだろう。現在、耕書堂があったあたりには『蔦屋重三郎「耕書堂」跡』（東京都中央区日本橋大伝馬町13）の案内板が立てられている。

葛飾北斎画『画本東都遊《えほんあずまあそび》』（国立国会図書館蔵）に描かれた通油町（現・日本橋大伝馬町）の耕書堂（蔦屋）の店頭図。

インタビュー

NHK大河ドラマ『べらぼう〜蔦重栄華乃夢噺〜』
時代考証担当／本書監修

山《やま》村《むら》竜《たつ》也《や》さんが語る

蔦屋重三郎と江戸文化の魅力

『新選組！』『龍馬伝』『八重の桜』など、これまで多くのNHK大河ドラマの時代考証を担当してきた山村竜也さんは、2025年の大河ドラマ『べらぼう〜蔦重栄華乃夢噺〜』の考証も担当している。本書監修者であり、これまで幕末を中心に江戸時代をテーマとした本を多数出版してきた作家でもある山村さんが、「蔦重とその時代」の魅力を語る。

——蔦屋重三郎が生きた時代は、どんな時代だったのでしょうか。

蔦屋重三郎が活躍したのは、江戸時代の安永、天明、寛政年間のことです。これは政治的には、田沼意次が老中として権勢をふるったいわゆる「田沼時代」から、そのあとの老中松平定信による寛政の改革へと続く、日本史上でも重要な時期になります。

取材・撮影協力：江東区深川江戸資料館

そんな時代に、一方では江戸を中心とした新しい文化が花開きました。浮世絵の中から、多色摺りの木版画を指す錦絵が誕生し、喜多川歌麿をはじめとする多くの優れた絵師があらわれます。また、小説的な文章と挿絵で構成された草双紙が流行し、特に恋川春町以降の黄表紙と呼ばれる本が大人気を得ました。

この黄表紙は、絵と文章が一体となって物語が進められていくことから、現代におけるマンガの元祖であるともいわれています。他にも様々な出版物がこの時期には刊行されましたが、それらの多くが従来の京都・大坂ではなく江戸で発行されたことが特徴です。まさに江戸出版文化が大きく花開いた時代ということができますね。

——山村さんが考える蔦重の魅力とは？

そんな江戸出版文化が盛りあがりを見せつつあった時期に、彗星《すいせい》のごとく登場したのが蔦重こと蔦屋重三郎でした。やがて蔦重は、江戸の出版界を先頭に立って牽引していくことになります。

蔦屋重三郎がどのような人であったかは、仲間の狂歌師・石川雅望《まさもち》（宿屋飯盛《やどやのめしもり》）が撰文《せんぶん》した「墓碣銘《ぼけつめい》」によってうかがうことができます。そこには、「その巧みな思考と、創意工夫は他の者の及ぶところではなく、ついに大商人となった」という意味のことが記されているんですね。やはり、商人として成功するために必要な卓越した思考力の持ち主だったことは確かなようです。

ただ、成功者となるために必要なものはもう一つあって、それはその人間の「人柄」です。

これについても石川雅望は記していて、「細かいことにはこだわらず、他人に誠実に接する人だった」とあります。そんな人柄であったから、蔦重のまわりには多くの人が集まってきました。私が蔦重を魅力的だと思うのは、単に出版人として優れているだけでなく、そういう人間性豊かだったところなんですね。

――蔦重が残した文化は、今の日本の文化にどのような影響を与えたと思いますか。

蔦重はいわゆる江戸出版文化を創り上げ、歴史に名を残す存在となりました。しかし、その最大の功績は、「喜多川歌麿と東洲斎写楽を育て、世に送り出したこと」に尽きると私は思っています。

美術史に燦然《さんぜん》と輝き、日本人ならば知らない者のない二人の巨匠が、蔦重という一人のプロデューサーの手で世に送り出されたとは、ほとんど信じられないことです。江戸美術に興味がない人々でも、「浮世絵」「錦絵」といえば歌麿の美人画や、写楽の役者絵がすぐに頭に浮かぶことでしょう。

蔦唐丸（蔦屋重三郎）自作の黄表紙『身体開帳略縁起』（国立国会図書館蔵）の巻末で、年始の挨拶を行う蔦重。北尾重政画。

極論すれば、現代の一般の人々にとって、錦絵とは「歌麿」と「写楽」のことに他ならないのです。もしこの二人がいなければ、現代における錦絵の存在や魅力はまったく違ったものになったはずで、これらが蔦重一人の手によって創り上げられたことは、もはや「奇跡」といってもいいかもしれません。

――この令和の時代に大河ドラマで蔦重を取り上げる意味を、どう感じていますか。

そんな奇跡のようなプロデューサー・蔦屋重三郎は、偉大な功績の割に名前が知られて

『写楽名画揃』(国立国会図書館蔵)より東洲斎写楽画「市川鰕蔵の竹村定之進」。

いません。江戸文化史においては欠くことのできない人ですが、一般的には無名といってもいいほどの存在です。そんなギャップが、今回の大河ドラマ「べらぼう」によって解消され、お茶の間に広く知られるようになれば、なんとも嬉《うれ》しいことですね。

私は２０２１年に公開された映画『ＨＯＫＵＳＡＩ』の時代考証も務めていますが、あのときは蔦屋重三郎役を名優・阿《あ》部《べ》寛《ひろし》さんが演じてくれました。このように、映画やドラマなどの映像作品でしっかりと描かれることが、歴史上の人物の知名度アップには大きく貢献します。

その点で、日本において最大の影響力を持つ映像コンテンツであるＮＨＫ大河ドラマの主人公として取り上げられたことは、蔦重を

広く知っていただくための大チャンスということになります。蔦重の功績の数々、そして苦労も重ねた味わい深い人生を、この機会に日本中の皆さんに知っていただきたいですね。

――山村さんが、現代の東京でもっとも〝江戸〟を感じるスポットを教えてください。

たとえば京都であれば、江戸時代やそれ以前の建物が残っていることも多く、往時を肌で感じることができます。ところが江戸すなわち東京は開発が進んでいて、江戸時代をそのまま感じることができない場合が多いんですね。その点は残念でなりません。

しかし、開発された江戸であっても、実は意外に道路の道幅や曲がり方などはそのままというケースが多いんです。「江戸切絵図」と現代の地図を比べてみると、道路は驚くほど当時と変わっていないことに気づきます。これは私たち江戸好きにとっては大変ありがたいことでした。

そんな観点からも、私が江戸を感じる場所は、実は「日本橋」なんです。確かに日本橋そのものは、現在は上空を高速道路が横切っていて、当時とは様変わりしてしまいました。ですが、日本橋から南北に伸びる中央通りは江戸時代とほぼ変わっておらず、当時のにぎわいを想起させるに十分な「遺構」といえるんです。

私が特に好きなのは、歌川広重の「名所江戸百景・駿河町」で大通りから駿河町通りに入ったあたりが描かれているんですが、駿河町通りの左右に三井越後屋呉服店が並ぶ感じが、現在も同所にある三越本店と三井住友銀行で道をはさんでいるのとまったく一緒なんです。これは実際に行ってみると、感動的ですよ。ビルの谷間の先に建造物がなければ、現在でも広重の錦絵のように遠く富士山が見えていたでしょうね。

歌川広重画『名所江戸百景 するがてふ（駿河町）』（国立国会図書館蔵）。

――『べらぼう〜』に登場する〝蔦重〟以外の実在の人物の中で、山村さんがもっとも興味がある、あるいは会ってみたい人物は誰でしょう？

これは即答できますが、喜多川歌麿です！歌麿はやっぱり絵が圧倒的にうまい（笑）。あたりまえじゃないかといわれそうですが、構図の取り方、細部の描き込み、それになんといっても女性が美しいんです。浮世絵の初心者の頃はあまり区別がつかないものですが、見続けていると、歌麿の描く女性は抜群に魅力的で、思わず惚れてしまいそうになりますよ。

歌麿本人がどんな顔をしていたかも気になるところですが、ライバルの絵師・鳥文斎栄《ちょうぶんさいえい》之《し》が描いた歌麿の肖像画（78ページ参照）では随分と怖い顔をしている。その点、歌麿自身の自画像では、優しげな色男に描かれています。どちらが真実に近いのか興味がありますが、実際に会えるとしたら、やっぱり優しげなほうの歌麿に会いたいですね。

東洲斎写楽には会いたくないかって？ それはゾクゾクするような話ですが、謎は謎のままで取っておきたい気もするので、遠慮しておきましょう。

――山村さんは、『べらぼう～』ではどのような部分の考証を担当されているのでしょうか。

私は「時代考証」として、一応全体を見ることになっています。ただ、今回は「江戸書店考証」「吉原風俗考証」「戯作考証」などの先生方が参加しているので、専門的な部分は各先生方におまかせしているところもあります。

そんな中で、私が特に力を入れているのは、江戸時代の歴史と、文化・美術史を融合させることです。蔦重や歌麿らが活躍した時期のことは、文化史の中では明確ですが、それが江戸時代のいつごろのことであったのかはピンとこないことがある。今回、脚本の森下佳《もりしたよし》子《こ》さんが二つの歴史を立体的に交差させて描くことにつとめておられるので、その作業を補助するのが私の大事な仕事ということになります。

田沼時代から寛政の改革にかけての、日本史でも重要な時代を背景に、蔦重らが力強く成長していくさまを視聴者の方々には楽しんでいただきたいですね。

――『べらぼう～』を楽しむうえでのポイントがありましたら、教えてください。

蔦重は吉原生まれという独特な出自を持っ

ているため、『べらぼう』序盤では吉原遊郭を描くことに大きなウエイトが置かれています。蔦重の幼なじみとして描かれる遊女・花の井（5代目瀬川）が吉原でどのように生きて、蔦重の人生とまじわることになるのかが注目です。

また、田沼意次や平賀源内、長谷川平蔵といった歴史上の有名人との交遊も興味深いところです。あくまでも史実にのっとりながら、ドラマとしての脚色を少々加えることで、大河ドラマにふさわしい良質のエンターテインメントができあがると信じています。

蔦重は、成功者とはいっても、道を登りつめるまでには多くの困難がありました。そうした幾多の障壁を、持ち前の頭脳と明るく大らかな人柄で乗り越え、江戸のメディア王に成長するまでの物語を『べらぼう』では描いていきます。横浜流星さん演じる蔦屋重三郎という新ヒーローの活躍にご期待いただくとともに、これまであまりなじみがなかった浮世絵などの江戸文化に興味を持っていただく機会となったならば、嬉しく思います。

トピック①

歌舞伎役者と浮世絵

江戸のファッションリーダー

市川團十郎《いちかわだんじゅうろう》、尾上菊五郎《おのえきくごろう》、松本幸四郎《まつもとこうしろう》、中村勘三郎《なかむらかんざぶろう》——現代の私たちにもおなじみの歌舞伎役者たちだが、彼らの名前は江戸時代から続く名跡である。そして、今と変わらず江戸時代でも、歌舞伎役者はスターであった。

歌舞伎が誕生したのは、江戸時代初期のことである。出雲阿国《いずものおくに》が京都で「かぶき踊り」の興行を行い、それを見た遊女たちがまねたことで広まっていったという。その後、遊女も参加する「女歌舞伎」や、前髪がまだ残る美少年たちの「若衆歌舞伎」などが誕生したが、これらは風紀を乱すものだとして幕府から禁止された。そうして、男性だけで演じる今の歌舞伎のスタイルが定番となっていった。

江戸時代中期から後期にかけて、江戸町奉行所によって歌舞伎興行を許された芝居小屋は中村座、市村座、森田座の三つで、これが江戸三座と呼ばれた。なお、かつてはもう一つ山村座というものがあったが、こちらは正徳四年（1714）に江島生島《えじまいくしま》事件（奥女中・江島の遊興を発端とする、大奥で起こった風紀紊乱《びんらん》事件）の影響で廃座となっている。

江戸のスターであった歌舞伎役者は、ファッションも注目されていた。もっとも有名なのが市松《いちまつ》模様だろう。この名称は、歌舞伎役者・佐野川《さのがわ》市松が由来となっている。市松が当たり役を演じた際に着ていた衣装がこの模様であったことから、江戸の街でも真似されるようになり、市松模様と名付けられた。

また、初代の市川團十郎は三枡《みます》模様というデザインを考案したことで知られている。大きさの違う枡を上から見たデザインで、これも團十郎が舞台で着用した衣装で使われた。他にも初代團十郎は渋柿で染めた茶色を使っており、この色は団十郎茶と呼ば

歌川豊国（三代）画『今様《いまよう》見立《みたて》士農工商・商人』（国立国会図書館蔵）。上野広小路にあった絵草紙問屋「魚屋栄吉（魚栄）」の店頭風景。役者絵を手に取る女性が描かれている。

勝川春章画『絵本舞台扇』（国立国会図書館蔵）より、三枡模様の衣装を身につけた市川團十郎。

れた。

そして、歌舞伎と切ってもきれない関係であったのが浮世絵だ。様々なジャンルの浮世絵が商品となる中で、熱心な歌舞伎ファンの「いつでも〝推し〟の役者を見ていたい」との需要に応える形で役者絵が発売され、すぐに人気商品となった。現在で例えるならば、アイドルのコンサート後に、推しの生写真を購入するイメージに近いだろう。

歌舞伎がヒットすれば、浮世絵が売れる。逆に浮世絵が売れれば、歌舞伎の客が足を運ぶという好循環になっていたはずだ。この2つのジャンルの持ちつ持たれつの関係が構築され、ますます江戸の文化は爛《らん》熟《じゅく》していった。

ちなみに歌舞伎役者を描く浮世絵には役者絵と芝居絵がある。役者絵は歌舞伎役者を描いたもので、大首絵が多かった。また歌舞伎役者が亡くなった時には、死絵《しにえ》というものも発売された。一方の芝居絵は、歌舞伎の舞台そのものを題材とした作品のことである。

第二章

蔦重とともに江戸を彩った奇才たち

北尾重政《きたおしげまさ》（1739〜1820）

江戸浮世絵界をリードする北尾派の祖

江戸の浮世絵界には、大きく分けて、北尾、勝川、歌川の3つの派閥が存在した。その一つ、北尾派の祖となる人物が北尾重政である。本名は佐助《さすけ》。南北朝時代から戦国時代にかけて活躍した名門・北畠氏の末裔《まつえい》との説もある。

重政は江戸・小伝馬町の書店の子として生まれた。父・須原屋三郎兵衛《すはらやさぶろべえ》は江戸の大型書店である須原屋茂兵衛《もへえ》に奉公人として仕えたのちに、のれん分けを許されて「須原屋」を開業していた。

このように、幼少期より出版界と縁の深い環境で育った重政であったが、絵については特別な師を持つことはなく、独学で技術を習得していったようだ。また、長じると父が残した書店の経営を弟に任せ、自身は絵師としての活動に専念するようになった。

絵師としての前半生では、主に役者絵、美人画、武者絵などを手掛け、版本（木版で印刷された本）の分野でも絵本、艶本などで才能を発揮する。

重政の美人画は、当初は非現実的ともいえる華奢《きゃしゃ》な女性を描いたものが多かったが、江戸の流行りはやがて、しっかりとした体つきの健康的な女性を描く方向に向かう。重政の作風もその流れの中で変化を遂げ、よりリアルな女性を描くようになっていった。

中でも安永5年（1776）に勝川春章《かつかわしゅんしょう》との合作で耕書堂《こうしょどう》から刊行された絵本『青楼美人合姿鏡』は、吉原風俗を描いた代表作としてよく知られている。

また、黄表紙の分野でも山東京伝や曲亭馬琴らの戯作の挿絵を多く描き、100点以上の作品を残している。

北尾重政・勝川春章画、山崎金兵衛・蔦屋重三郎出版『青楼美人合姿鏡 上』（国立国会図書館蔵）より。

江戸のマルチクリエイター

江戸時代、平賀源内を筆頭に、ジャンルをまたいで才能を発揮した人物は多いが、重政もその一人であった。

重政の才能は絵の分野にとどまらず、俳人としても活躍している。こちらは、大坂の商家出身で、江戸で活躍していた俳人・谷素外《たにそがい》に師事していた。

また、重政は書家としても知られており、祭礼や年中行事の際には、当時の有名書家たちに交じって幟《のぼり》の文字を書いていたという。

絵師として高い評価を受けていた重政のもとには、北尾政演《まさのぶ》（山東京伝）、北尾政美《まさよし》（鍬形蕙斎《くわがたけいさい》）など有能な門弟も多く集まった。また、鳥居清長や喜多川歌麿など、後世の絵師にも少なからぬ影響を与えている。文政3年（1820）に重政が死去した際には、その才を買っていた大田南畝らが大いに悼んだという。

前述の『青楼美人合姿鏡』をはじめ、『絵本八十宇治川《やそうじがわ》』『歴代武将通鑑《つがん》』など蔦重とのタッグでも多くのヒット作を生んだ重政は、当時の出版文化の隆盛をもたらした立役者の一人だったといえるだろう。

山東京伝《さんとうきょうでん》（1761〜1816）

蔦重と組んだヒットメーカー

一代で江戸を代表する地本問屋を育て上げた蔦重の躍進に欠かせなかった作家の一人が、山東京伝であった。本名は岩瀬醒《いわせさむる》、通称を京屋伝蔵《きょうやでんぞう》という。

宝暦11年（1761）、京伝は質屋・伊勢屋伝左衛門《いせやでんざえもん》の長男として、江戸深川木場町（現・江東区木場）で生まれた。当時の深川には非合法の売春街である岡場所が多くあり、吉原とはひと味違うにぎわいを見せていた。京伝は長じたのち、遊里を描く洒落本の代表的作家となるが、深川という環境が、幼少期よりその素養を育んだのだろう。また、この生い立ちだったからこそ、吉原で育った蔦重と馬が合ったのだろう。

両親は晩婚であったので、京伝を溺愛していたらしい。そのため青年期に京伝が遊里

鳥橋斎栄里《ちょうきょうさいえいり》画『江戸花京橋名取 山東京伝像』（メトロポリタン美術館蔵）。

に入り浸るような生活をしていても、うるさいことは言わなかったという。また、家庭は円満で、金に困るような家でもなかったようだ。京伝が13歳の時に父が町屋敷の家主となったことから、一家は京橋銀座一丁目に転居した。

若き日の京伝は長唄と三味線を習い、北尾重政のもとで絵を学んだ。絵師としての京伝は、北尾政演《まさのぶ》を名乗った。

安永7年（1778）、18歳で黄表紙『開帳利益札遊合《かいちょうりやくのめくりあい》』の挿絵を担当し、翌年には自身で画工も務めた『娘敵討《むすめかたきうち》故郷錦《こきょうのにしき》』で戯作者としてデビュー。天明2年（1782）に刊行した『手前勝手御存知商売物』が大田南畝に認められ、若くして人気作家の仲間入りを果たした。

ほどなくして蔦重との親交を持つようになり、天明4年（1784）には蔦重が板元となり『吉原傾城《よしわらけいせい》 美人合自筆鏡《びじんあわせじひつかがみ》』を出版。京伝が作・画を手掛けたこの作品は話題を集め、以後、京伝と蔦重のコンビで数々のヒット作を送り出す。また、天明5年（1785）の『息子部屋』以降、洒落本を立て続けに出版して洒落本界の第一人者となった。

京伝はその生涯で約300の作品を創作、そのうち60以上の作品で画工も務め『吾妻曲狂歌文庫』など狂歌絵本でも絵筆をふるった。なお、京伝の弟・山東京山《きょうざん》も、篆刻《てんこく》を本業としながら戯作を書いた。

京伝、蔦重とともに処罰を受ける

寛政2年（1790）、30歳の京伝は吉原扇屋の遊女であった菊園《きくぞの》を妻とした。このころ、曲亭馬琴が京伝のもとを訪れ入門を乞うが、京伝はこれを断っている。

寛政3年（1791）、『娼妓絹籭《しょうぎきぬぶるい》』を含む洒落本三部作が、前年に出された洒落本禁止令に触れたとして京伝は手鎖50日に処せられ、出版した蔦重も財産半減の処分を受けた。

この三作品は、禁令を犯すことのないよう浄瑠璃や歌舞伎で知られた人物を登場させ、舞台や時代の設定を変えていたものの、

北尾政演（山東京伝）画、耕書堂蔦屋重三郎出版『新美人合自筆鏡』（国立国会図書館蔵）より。

読者には吉原や深川の遊里を題材としていることがわかる内容であった。また、「教訓」を付け足すことで、ただの洒落本ではないことをアピールしようとしていたが、役人の目をかいくぐることはできなかった。

寛政5年(1793)、吉原での遊女生活が身体を蝕《むしば》んでいたためか、結婚からわずか3年後に菊園が亡くなる。

妻の死後、京伝は喫煙用の小物販売店「京屋」を開店。京伝がデザインした広告や紙製煙草入れなどはかなり凝ったもので、江戸庶民の間で大流行した。このことから、京伝は商業デザイナーの元祖とも称される。

刑を受けたのち、京伝はしばらく商売に専念していたようだが、やがて戯作の世界に復帰する。寛政11年(1799)の『忠臣水滸伝』では、中国文学と日本の演劇を取り合わせるという新機軸で読本《よみほん》に進出。かつての門人であった馬琴と競うが、読本の世界では馬琴が圧倒的人気を誇り、ついには読本の創作を断念した。

文化13年(1816)京伝は56歳で没した。

銀座の店は、京伝が40歳のころに結婚した元遊女・百合《ゆり》が病没したのち、京伝の弟・京山の息子が継いだという。

北尾政美《きたおまさよし》（1764〜1824）

15歳でデビュー、蔦重が重用した絵師

北尾政美は、鍬形蕙斎《くわがたけいさい》の名でも知られる絵師である。明和元年（1764）、江戸浜《はま》町《ちょう》の竈河岸《へっついがし》（現・中央区日本橋人形町）で生まれた。本名は三二郎《さんじろう》（三治郎とも）。父は駿河《するが》（現・静岡県）から江戸へやってきた畳職人だった。

幼いころから絵を好んだ政美は、北尾派の祖・北尾重政に入門。15歳の時に咄本《はなしぼん》『小《こ》鍋立《なべたて》』に挿絵を描いて絵師としてデビューする。この本の巻末には『北尾重政門人三治郎十五歳画』との署名がある。また、安永9年（1780）には黄表紙6作ほか複数の本に挿絵を提供して高い評価を得ており、その後、黄表紙を中心に多くの挿絵を請け負うようになった。

天明元年（1781）には重政から「北尾政美」の名をもらい、武者絵、風俗画、花鳥画、各地の鳥瞰図《ちょうかん》など幅広いジャンルで活躍するようになったが、美人画の作品は少なかっ

たようだ。

政美はこのころから蔦重とともに仕事をするようになったようで、以後、耕書堂が出版した黄表紙の20冊以上に挿絵を描いている。蔦重にとっては、信頼できる絵師の一人だったのだろう。

松平定信との意外な関係

寛政の改革による取り締まりは、政美の人生にも多大な影響を与えた。

蔦重が出版し大ヒットとなっていた『鸚鵡返文武二道』が武士階級を揶揄するものとして、作者の恋川春町が松平定信から出頭を命じられたのだ。この本の挿絵を描いていたのが、政美であった。

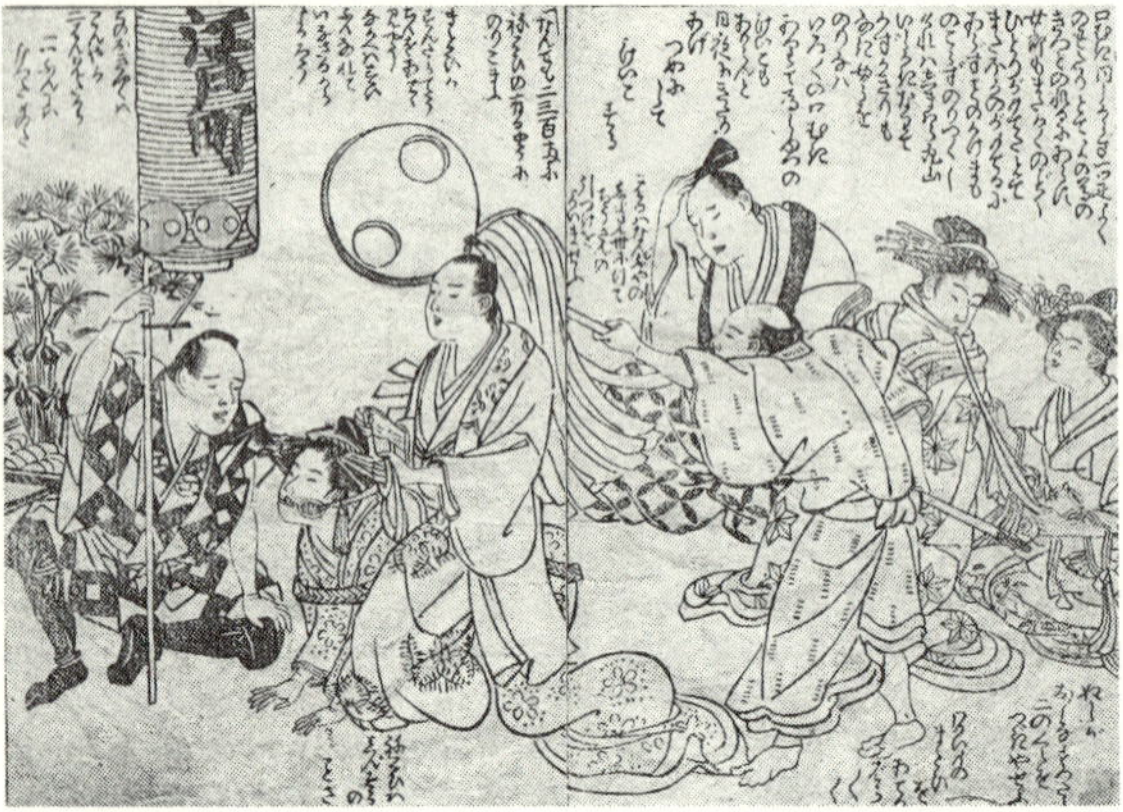

寿亭主人（恋川春町）作・北尾政美画、蔦屋重三郎出版『鸚鵡《おうむ》返文武二道《がえしぶんぶのふたみち》』（国立国会図書館蔵）より。

ほどなく春町は失意の中で亡くなり、蔦重も山東京伝とともに罰せられた。政美からすれば、このままでは絵師として仕事を続けられないどころか、いずれ自分も処罰の対象となるのではないかと不安になったのだろう。ほどなくして政美は蔦重らとの関係を解消し、黄表紙の挿絵を描くのをやめてしまった。

寛政6年(1794)、政美は津山藩の御用絵師として活動するようになり、3年後に名前も鍬形蕙斎と改めた。

政美はその後も画力を磨くことには余念がなく、寛政8年(1796)には、幕府奥絵師の狩野惟信《これのぶ》のもとで学び直している。さらには円山応挙、菱川師宣らの筆法を習得するなど、幅広い画法の研究に熱心に取り組んだ。

蔦重のもとで黄表紙の挿絵を書いていたころとは方針を大きく転換することになったが、絵師として生きるための政美なりの処世術であったのだろう。

文化年間(1804~1818)に、政美は意外な人物から作画の依頼を受ける。松平定信からの依頼で、肉筆図巻『近世職人尽絵詞《きんせいしょくにんづくしえことば》』や『東都繁昌図巻』などの作品を手掛けることになったのだ。この時、すでに定信は失脚し幕政の中枢から退いていた。

文政7年(1824)、政美は61歳で没した。

勝川春章《かつかわしゅんしょう》（1726?〜1793）

春章が描いた革新的な役者絵

勝川春章について、確かな出自は不明であり、本名もわかっていない。

春章は、肉筆美人画専門の浮世絵師であった宮川春水《みやがわしゅんすい》のもとで絵を学んだという。肉筆とは、版画ではなく絵師が自らの筆で直接描いた絵のことで、春章も明和年間に肉筆で役者の似顔絵を描き話題を集めていた。

春章がその人気を決定的にしたのは、この役者絵と美人画であった。

当時の役者絵は、鳥居清長《とりいきよなが》をはじめとする鳥居派の独擅場であった。鳥居派の役者絵は様式美を重視するもので、顔は役者本人には似ていないものが多かった。そのため、どの役者の絵なのかを知るには、衣装の胸元に入っている紋や余白に記された名前で判別する必要があった。

このような役者絵の形態は元禄年間（1688〜1704）から続いているものであっ

たが、やはり購入する役者のファンとしては、顔が役者本人に似ていないと物足りなさを感じていたのだろう。春章が、描かれた姿を見ただけでどの役者なのかを判別できるリアルな役者絵を発表していくと、たちまち人気となり、鳥居派に代わって「役者絵は春章」という評判を得ていった。

春章は北尾重政とも良好な関係にあり、美人画においては、安永5年（1776）に蔦重のもとで重政と競作した錦絵本『青楼美人合姿鏡』を出版している。

春章の美人画は相当な人気だったようで、安永4年（1775）に刊行された洒落本『後編風俗通』には「春章一幅値千金《しゅんしょういっぷくあたいせんきん》（春章の描いた美人画の掛け軸は千金に値する）」と称賛されている。なお、これは中国・宋時代の蘇軾《そしょく》の詩の一節「春宵一刻値千金《しゅんしょういっこくあたいせんきん》」をもじったものだ。

また、春章は春画も得意としており、巻頭に女性の顔、巻末には女性の陰部を描くという方法は、その後の艶本の新しいフォーマットとなった。

また、春章は相撲絵も得意とした。当時、相撲興行は江戸で人気の娯楽であり、人気力士や取り組みの様子を描いた相撲絵は人気ジャンルであった。歌舞伎役者をリアルに描いたように、顔を見ればどの力士かがわかるように描き分けられた春章の相撲絵は、

北尾重政・勝川春章画、山崎金兵衛・蔦屋重三郎出版『青楼美人合姿鏡 上』(国立国会図書館蔵)より。

役者絵と同様、今でいうブロマイドやポスター的なものとして人気となった。

葛飾北斎の師

アートや浮世絵にさほど興味がない方でも、勝川春章を「葛飾北斎の師」と説明すれば、そのすごさがイメージできるのではないだろうか。

北斎は、安永7年(1778)ころに春章に入門した。翌年、勝川春朗の名で鱗形屋版の『吉原細見』の挿図と役者絵でデビューしている。

なお、北斎は密かにある狩野派を学んだため春章に破門されたという説もあるが、実際には春章が亡くなるまで、二人は師弟として良好な関係にあったと見られている。

北斎以外にも、春章の弟子は20名ほどいたらしく、その多くは「勝川」または「勝」を画姓とし、名前にも「春」の字を入れていた。

北斎を除く春章の弟子のうち、その名をよく知られているのが勝川春好《しゅんこう》だ。春好は、春章門下の中では塾頭的な存在であり、師とともに役者絵で人気を博していた。天明年間に春章が役者絵を手掛けなくなると、春好は師匠の代わりに多くの依頼を受けるようになった。春章が亡くなったのち、春好は中風（脳卒中）のため利き腕の右手が不自由になったが創作への意欲は持ち続け、その生涯を終えるまで左手で絵を描き続けたという。

また、勝川春英《しゅんえい》も、師匠と同様に役者絵や相撲絵、武者絵などで人気を博し、黄表紙の挿絵でも活躍した。特に春英が得意とした大首絵は、歌川豊国や東洲斎写楽らにも強い影響を与えた。

なお、晩年の春章は浮世絵を弟子たちに任せ、自身は肉筆画に専念し『雪月花図』など美人画の傑作を数多く残した。

寛政4年（1793）没。享年は67とされるが、春章の生年は定かでなく50とする説もある。

恋川春町《こいかわはるまち》（1744〜1789）

絵師と戯作者の二刀流

恋川春町は戯作者でありながら、自作はもとより、他の戯作者の作品にも挿絵を提供していた。戯作者として一流、さらに絵師としても一流の、いわば〝江戸文芸界の二刀流〟といってよい人物である。蔦重も春町に戯作を依頼するだけではなく、他の戯作者の作品の絵師としても頼りにしていた。

春町は小島《おじま》藩に仕える武士で、20歳のときに伯父・倉橋忠蔵《ちゅうぞう》の養子となり、倉橋格《くらはしいたる》と称した。

駿河小島藩はわずか1万石の小藩であったが、春町はやがて出世を遂げ、重臣といえる立場にまでなった。なお、恋川春町という筆名は、駿河小島藩の江戸藩邸があった小《こ》石川春日町《いしかわかすがちょう》にちなんだものだ。

『吾妻曲《あずまぶり》狂歌文庫』（東京都立中央図書館蔵）より酒上不埒（恋川春町の狂歌名）。

若き日の春町は藩の用人として江戸で勤務しながら、絵師の鳥山石燕《とりやませきえん》に弟子入りした。石燕の他に、勝川春章からも教えを受けていたとする説もある。

春町の江戸出版界へのデビューは、戯作者としてよりも、絵師としてのほうが早かった。安永2年（1773）に金錦佐恵流《きんきんさえる》作の洒落本『当世風俗通』の挿絵を手掛け（金錦佐恵流は朋誠堂喜三二の別名とする説が有力だが、春町とする説もある）、その2年後には作・画の両方を担当した黄表紙『金々先生栄花夢』を刊行した。この作品は、黄表紙の祖といわれているものだ。

この作品のヒットで春町は一躍人気作家となり、以後、約30編もの黄表紙を手掛けるほか、挿絵や洒落本など幅広い分野で活躍するようになる。

なお、春町は狂歌師としても一派をなし、狂名は酒上不埒《さけのうえのふらち》、寿山人《じゅさんじん》とも号した。親友であった朋誠堂喜三二の媒介で妻を娶《めと》った際には「婚礼も作者の世話で出来ぬるはこれ草本《くさほん》のゑにしなるらん」と詠んだという。

春町の最期と、ある噂《うわさ》

その後、春町は藩における地位が上がっていき、戯作者・絵師としての活動は停滞していく。

そんな中、春町は寛政元年（1789）に黄表紙『鸚鵡返文武二道』を蔦重のもとから出版する。絵は北尾政美が担当した。

この作品の舞台は平安時代。人々が武芸に励むが、結局は粗暴で下品なことを行ってしまうという、今でいうところの〝ドタバタコメディ〟といった内容だった。

時代設定こそ変えているものの、読者には時の権力者・松平定信が政治家としての信念を記した『鸚鵡言《おうむのことば》』を風刺したものであることは一目瞭然であった。

出版界が厳しい統制のもとに置かれた寛政の改革の最中。なぜ春町がこのような作品を書いたのか、その理由は不明である。

恋川春町作・画、鱗形屋孫兵衛出版『高慢斎行脚日記《こうまんさいあんぎゃにっき》』（国立国会図書館蔵）より。『金々先生栄花夢』に続く春町の黄表紙第二作。

一説には、朋誠堂喜三二（平沢常富）が、定信の政策を風刺する『文武二道万石通』を刊行し、これが大ヒットしていたため、これに対抗して書いたともいわれている。

なお、春町は前年の天明8年（1788）に幕府の政策を揶揄する『悦贔屓蝦夷押領《よろこんぶひいきのえぞおし》』を刊行していたが、風刺内容が中途半端で不評だったため、これを挽回するために『鸚鵡返文武二道』を手掛けたとする説もある。

しかし、時の権力者を〝イジッた〟代償は大きかった。

『鸚鵡返文武二道』は絶版となり、春町は定信から出頭を命じられる。春町は病気を理由に呼び出しには応じず、隠居した。そして同年、春町は失意の中で亡くなる。主家や養父に迷惑をかけないために自殺したとする見方もある。享年46。

そのころ、『鸚鵡返文武二道』に関するある噂があった。

実はこの作品を書いたのは春町ではなく、主君である駿河小島藩主・松平信義《のぶよし》であったというものだ。自らの名前を使っての出版は危険だと考えて、春町の名前で出版したというのである。

もちろん、この説を立証するような証拠は何もない。ただ、このような噂が当時、江戸で流れたことは事実のようだ。

鳥居清長《とりいきよなが》（1752〜1815）

六大浮世絵師の一人

宝暦2年（1752）、鳥居清長は本材木町《ほんざいもくちょう》一丁目（現・中央区日本橋一丁目）で書肆《しょし》「白子屋」を営む白子屋市兵衛の子として生まれた。本姓は関《せき》（一説には関口とも）、通称は父の跡を継ぎ市兵衛《いちべえ》と名乗った。なお、清長は浦賀《うらが》で生まれたとする説や、「白子屋」には養子として入ったとする説もあるが、確かなことはわかっていない。

若き日の清長は、鳥居派の3代目・鳥居清満《きよみつ》に弟子入りした。鳥居派は役者絵の名門であった。清満は3歳で浮世絵デビューを果たした才人で、鈴木春信にも影響を与えたとされている。

清長は、明和4年（1767）ころから役者絵を発表しており、その後は黄表紙、芝居本、絵本などの挿絵も手掛けるようになった。

数は多くないが、清長は『嗚呼不侭世之助噺《ああままならぬよのすけばなし》』など、蔦重が手掛けた黄表紙にも挿絵を描いている。

清長は鳥居派という老舗の浮世絵派閥にありながら、次々と新しい多彩な技法を世に出し続け、挑戦を惜しまなかった。また、師の清満だけでなく、鈴木春信、礒田湖龍斎《いそだこりゅうさい》、勝川春章、北尾重政など当代一流の絵師たちの技法も学び、自らの作品に柔軟に取り入れながら、次第に独自の画風を作り上げていった。

江戸での清長の人気を決定づけたのは、鳥居派が得意とした役者絵ではなく、美人画だった。

清長が描く女性はすらりとした長身で気品があり、それでいて暖かい雰囲気を持っていることが特徴だ。

清長は大判で描くことを好んでいたが、やがて複数の絵をつなげて一つの作品とする続絵《つづきえ》を創始している。清長の続絵は1枚ごとでも成立する完成度を誇り、特に天明2年(1782)ころに制作した『当世遊里美人合《とうせいゆうりびじんあわせ》』『風俗東之錦《ふうぞくあずまのにしき》』『美南見十二候《みなみじゅうにこう》』は、清長の三代揃物《そろいもの》として高く評価されている。

清長の浮世絵は現代でも人気が高く、鈴木春信、喜多川歌麿、東洲斎写楽、葛飾北斎、歌川広重と並んで「六大浮世絵師」の一人とされることが多い。また、現在は海外でも清長の美人画は人気で、「江戸のヴィーナス」や「東洋のヴィーナス」などとも称されている。

鳥居派の4代目を襲名

天明5年（1785）、清長の師・清満が亡くなる。清満には庄之助《しょうのすけ》という孫がいたが、まだ鳥居派を継ぐには幼すぎた。そこで白羽の矢が立ったのが清長であった。天明7年（1787）清長は、庄之助が成長して祖父の画業を継ぐことができるまでの間、鳥居派の4代目を襲名した。

鳥居清長画『美南見《みなみ》十二候・九月』（国立国会図書館蔵）。清長が品川の女郎たちの姿を描いた揃物の美人画の一つ。

4代目となった清長がまず行ったことは、当時、すでに絵師として活躍していた自分の息子・清政《きよまさ》に筆を折らせることだった。これは、5代目の継承の際に問題が起こらないようにするためだった。このエピソードからは、清長が非常に律儀な男であったことがうかがえる。

襲名後の清長は、鳥居家の家業である看板絵や番付絵に専念し、鳥居派の存続を助け続けた。

元禄のころより役者絵を中心として浮世絵界を引っ張ってきた鳥居派であったが、清長の時代には、その人気に陰りが見えていた。

当時人気があったのは、勝川春章を中心とする勝川派で、リアリズムを追求することで評判となっていた。そうした状況の中、清長は『出語り図』という新機軸のシリーズで対抗する。

これは、役者絵の背景に三味線奏者、常磐津《ときわず》(歌舞伎の伴奏音楽)などを描いて臨場感を添えたもの。これまで役者絵では描かれなかったものを描き加えることで、勝川派とは違う観点からリアリズムを追求したのである。

多くの才能がしのぎを削ったこの時代、もし鳥居派に清長がいなければ、その存続は危なかったかもしれない。

清長は、文化12年(1815)に64歳で没するまで鳥居派を守ることに尽くし、その後は約束どおり清満の孫・庄之助が5代目を継いだ。

喜《き》多《た》川《がわ》歌《うた》麿《まろ》（1753～1806）

鳥文斎栄之画『喜多川歌麿肖像画』（大英博物館蔵）。

唯一の師は鳥山石燕

喜多川歌麿について、詳しい出自はわかっていない。姓は北川、俗称は市太郎《いちたろう》、勇助《ゆうすけ》であることはわかっているが、出身地、親、兄弟なども不明である。なお、出生地については、江戸、川越、京都など諸説あるが、現在では江戸説が有力である。

歌麿は、幼少期に狩野派の画家・鳥山石燕のもとに弟子入りをした。石燕は歌麿の人生で、唯一の師である。そして天明8年（1788）に石燕が亡くなるまで、二人は師弟関係にあった。

石燕は町狩野《まちがのう》（幕府や大名に仕えていない在野の狩野派）の絵師で、多くの妖怪画を残したことで知られている。また、石燕は絵だけでなく俳諧にも長《た》けていた。

多才な石燕の周りには、栄松斎長喜《えいしょうさいちょうき》、恋川春町、志水燕十《しみずえんじゅう》など、ジャンルを問わず多彩な門人たちが集っており、そうした環境の中で、歌麿も多くの刺激を受けたであろうことは想像に難くない。

安永4年（1775）、歌麿は20代前半で富本《とみもと》浄瑠璃正本『四十八手恋所訳《しじゅうはってこいのしょわけ》』の下巻表紙絵で絵師としてデビューする。これも出版界に顔が利く石燕の弟子であったことが大きかったようだ。

このころの歌麿は錦絵はあまり描かず、黄表紙や洒落本の挿絵を手掛けることが多かった。浮世絵界では当時、鈴木春信、勝川春章、北尾重政らの美人画が人気で、歌麿もそれらの影響を受けながら独自の表現を模索していた。

大物が集結した改名披露

それまで歌麿は「北川豊章《とよあき》」や「鳥山豊章」などの画号で仕事をしていたが、30代のころに喜多川歌麿に改名している。

なお、蔦重が手掛けた黄表紙『身貌大通神略縁起《みなりだいつうじんりゃくえんぎ》』には「画工歌麿」の署名がある。この本の序文には天明元年（1781）の年号があり、歌麿が改名したのもこのころのようだ。なお、蔦重が初めて歌麿に挿絵を依頼したのもこの本であった。

朱楽菅江率いる朱楽連の狂歌師による彩色摺狂歌絵本『潮干《しおひ》のつと』（国立国会図書館蔵）より。画工は喜多川歌麿、出版者は耕書堂蔦屋重三郎。

改名に際して歌麿は、上野の料亭で新たな画号を披露するための席を設けている。この改名披露の場には、北尾重政、勝川春章、山手馬鹿人《やまのてのばかひと》（大田南畝）、朱楽菅江《あけらかんこう》、恋川春町、朋誠堂喜三二（平沢常富）など、当時の浮世絵界や狂歌界を代表する一流文化人たちが集結した。

いくら歌麿が当時の文化人たちに顔の利いた石燕の弟子であったとしても、まだ無名の一介の絵師であり、ここまでの大物たちが勢揃いするのは不自然である。

実は、この会を裏で取り仕切っていたのが蔦重だったといわれている。

当時、蔦重は悩んでいた。企画力には絶対の自信があるものの、地本問屋としてさらなる成長を遂げるためには、有力な絵師を抱え込む必要がある。しかし、すでに売れている大物絵師たちは他の地本問屋とのつながりもあり、よほどの大枚をはたかない限り抱え込むのは難しい……。

そこで蔦重は、自ら新たなスター絵師をプロデュースしようと考えた。そんな時に出会ったのが歌麿であった。このお披露目の席は、歌麿を世間にアピールするために、蔦重が演出して催されたものであったらしい。

蔦重の目に狂いはなく、この時から歌麿は絵師としてスター街道を歩んでいくことになる。天明期に蔦重もその一翼を担った狂歌本のブームが訪れると、歌麿は約5年にわたって狂歌絵本を描き続け、そのほとんどを蔦重が手掛けた。

この時期に刊行されたのが、『画本虫撰』『潮干のつと』『百千鳥狂歌合』などの豪華な彩色刷の狂歌絵本シリーズである。こうして最初に歌麿の評判を高らしめたのは、美人画ではなく花鳥画であった。

美人画を新たに工夫する

喜多川歌麿の作品をイメージした時、多くの方が思い浮かべるのは美人大首絵だろう。同じような構図の浮世絵はもともと勝川派の絵師たちが描いていたが、歌麿はそれらを見て表情が薄く、個性がないと感じていたのだろう。

そこで歌麿は自ら美人大首絵を手掛け、写実性にあふれる独自の画風の作品を生み出していった。歌麿の大首絵は「女性の心理すら表現している」と評判になり、「歌麿は吉原の関係者の子どもではないか」との噂が立つほどだったという。

折しも寛政の改革による出版統制で、蔦重が窮地に陥っていた時期である。蔦重にとっても起死回生の大ヒットであった。その後も歌麿は「歌撰恋之部《かせんこいのぶ》」「婦人相学十躰《ふじんそうがくじってい》」など、のちに代表作とされる大首絵のシリーズを手掛けていく。

その後、同じく大首絵を描く東洲斎写楽が登場する。

歌麿の恩人である蔦重がプロデュースした写楽は、従来の大首絵よりも役者の顔や表情の特徴を強調した斬新な役者絵を生み出し評判となるが、歌麿も実際の吉原の遊女たちを描いた美人画の10枚揃シリーズ「当時全盛美人揃《とうじぜんせいびじんぞろえ》」を発表し存在感を示した。

喜多川歌麿画『婦女人相十品・ポッピンを吹く娘』（出典：国立文化財機構所蔵品統合検索システム）。歌麿が描いた大判錦絵10枚の揃物の一つ。

幕府の禁忌に触れ処罰される

蔦重が没した寛政9年（1797）、上方で読本『絵本太閤記』が出版されベストセラーとなった。やがて江戸でも太閤（豊臣秀吉）人気が高まり、黄表紙や錦絵が作られた。

歌麿もそんな人気にあやかろうとしたのか、文化元年（1804）に太閤の醍醐《だいご》の花見を題材にした錦絵『太閤五妻洛東遊観之図《たいこうごさいらくとうゆうかんのず》』を発表した。

しかし、徳川将軍のお膝元で〝神君家康公〟の政敵・太閤を題材とした絵を描いたことで、歌麿は幕府に咎《とが》められ、手鎖50日の刑に処されてしまう。ちなみに、この歌麿への処分は太閤を描いた錦絵に関するものだけでなく、これまで歌麿が描いてきた美人画を幕府が問題視し、タイミングを見計らって処罰されたものともいわれている。

女性の表情や所作を生々しくとらえた歌麿の美人画は、当時としては刺激が強すぎたのかもしれない。そもそも浮世絵はこのころ卑賤《ひせん》な絵とされており、庶民が夢中になることを幕府は快くは思っていなかったようだ。罰せられた歌麿は、そのわずか2年後の文化3年（1806）、失意のうちに54歳で亡くなった。歌麿は亡くなる前にもう一度罰せられたとも伝わるが、詳しいことはわかっていない。

志水燕十《しみずえんじゅう》（1726〜1786）

破天荒な生涯を歩んだ蔦重の義兄弟

志水燕十はもともと幕府御家人で、本名を鈴木庄之助《すずきしょうのすけ》といった。「志水（清水）」という戯作号は、根津清水町に住んでいたことに由来する。奈蒔野馬乎人《なまけのばかひと》の号を持つ狂歌師でもあった。

燕十と蔦重は義兄弟の契りを結ぶほど親交が深く、燕十は幕臣の身分を捨てたのち、蔦重の紹介で本所松井町の岡場所の婿になったという。

天明元年（1781）、燕十は黄表紙『身貌大通神略縁起《みなりだいつうじんりゃくえんぎ》』『化物二世物語《ばけものにせものがたり》』を蔦重のプロデュースで出版。その際、挿絵は燕十と親しかった喜多川歌麿が担当した。燕十は歌麿と同じく鳥山石燕を師とする絵師でもあり、歌麿を蔦重に紹介したのも燕十だったという。

黄表紙の傑作と評される『莫切自根金生木《きるなのねからかねのなるき》』の作者・唐来参和《とうらいさんな》を、燕十と同一人物と

宿屋飯盛編・北尾政演画、蔦屋重三郎出版『古今狂歌袋』（国立国会図書館蔵）より唐来参和。燕十と参和を同一人物とする説もある。

する説もあるが、真偽のほどは定かではない（唐来参和が、志水燕十の代作者だったとする説もある）。

『莫切自根金生木』は、金がありすぎて困っている夫婦が、それを減らそうとして苦労をする物語で、富くじ（宝くじ）を買って散財しようと思えば全部当たり、米を買い置きしておくと、米の価格がどんどん値上がりしてしまうという内容。作家の故・井上ひさしは本作を、影響を受けた作品の一つとしてあげていた。

なお、同時代の戯作者・蓬莱山人帰橋《ほうらいさんじんききょう》は、『愚人贅漢居続借金《ぐにんおとこいつづかりがね》』において、当時の代表的な戯作者の一人として燕十の名をあげている。

燕十という人物の生涯を現在に当てはめると、エリート公務員が退職して非合法の売春宿の婿となり、さらには小説を出版するという、かなり破天荒な経歴である。そんな燕十がどんな最期を遂げたのか気になるところだが、残念ながら、はっきりとしたことはわかっていない。

曲亭馬琴の『近世物之本江戸作者部類』には、燕十について「他事に依りて罪を蒙《こうむ》りて終る処《ところ》知らず」と記されている。ようするに、何かの罪を負い、その後どうなったのかわかっていない。一説には、晩年は離縁され、落ちぶれたまま死んだともいう。

円山応挙《まるやまおうきょ》（1733〜1795）

享保18年（1733）、応挙は丹波国穴太村《あなお》（現・京都府亀岡市）の農家の子として生まれた。15歳のころ、京の絵師・石田幽汀《いしだゆうてい》のもとで狩野派を学ぶ。また、20代で玩具商に奉公していたころに眼鏡絵（ヨーロッパから伝来した透視図法で描かれた絵）の制作に携わったことで遠近法や陰影法を身につけ、中国の写生画なども学び独自の画風を作り上げていった。

明和2年（1765）、33歳の時に応挙は、それまで学んだ技法を応用して『淀川両岸図巻』『雪松図』などを描き、写実主義の新進絵師として注目される。このころから「応挙」を名乗るようになった。

応挙が現れるまで、日本の画壇は師匠の手本を写すことで技術が受け継がれていくことがほとんどであった。しかし、応挙は実際の景色を題材に写実的な絵を描くことで新たな画風を確立。そのため、応挙は日本写生画の祖とも呼ばれている。

応挙の写実へのこだわりは強く、神社に鶏の絵を奉納した際に農夫から「この絵描きは鶏に四季があることを知らない」と言われたため、その農夫から四季の鶏の羽毛の変化を教わり修正を施したという。

なお、応挙は動物を描くことも好み、じゃれ遊ぶ子犬たちを描いた『朝顔《あさがお》狗子《くし》図《ず》杉《すぎ》戸《と》』など、動物たちの愛くるしい姿を描いた作品も多い。また、諸説あるものの、応挙ははじめて足のない幽霊を描いた画家とも言われている。

30代以降、その画才が認められた応挙は円満院《えんまんいん》の門主・祐常《ゆうじょう》や京の町衆の庇護《ひご》を受け、引き続き写生を重視しながら数々の実験的な作品を作り上げていった。

40代以降の応挙はその評価を不動のものとし、『雪松図屏風』（国宝）や『雨竹風竹図屏風』（重要文化財）など数々の傑作を描く一方で、多くの弟子を育て円山派を組織。

一門を指揮して、大乗寺《だいじょうじ》、金《こん》剛寺《ごうじ》、金刀比羅宮《ことひらぐう》などに多くの障壁画を残した。寛政7年（1795）、応挙は63歳で没した。

円山応挙画『龍唫起雲図《りゅうきんきうんず》』（出典：国立文化財機構所蔵品統合検索システム）。暗雲から現れた龍を描く。応挙の死の約1年前の作。

伊藤若冲《いとうじゃくちゅう》（1716〜1800）

正徳6年（1716）、若冲は京都錦小路《にしきこうじ》（京都市中京区）の青物問屋の長男として生まれた。父が亡くなると店を継いだものの家業にはあまり興味なく、絵画と禅に傾倒していたという。若冲が絵を学び始めたのは20代の終わりころのこと。家業のかたわら狩野派に学び、近隣の各寺に伝わる中国絵画を数多く模写して腕を磨いた。

なお、若冲は学問や芸事が苦手で、酒も飲まず、生涯妻帯をしなかったという。40歳になった若冲は弟に家業を譲り、画業に専念するようになる。

若冲の代表作として知られる『動植綵絵《どうしょくさいえ》』30幅（国宝）は、鳥や鶴、孔雀《くじゃく》、鸚鵡《おうむ》、梅や菊などの動植物を描いた彩色画で、40代の10年間を掛けて完成させた作品である。若冲はこの作品の大半を『釈迦三尊図』三幅とともに、付き合いのあった相国寺《しょうこくじ》（京都市上京区）に寄進している。一説には、父の供養のため寄進したとも言われている。

天明8年（1788）、天明の大火が起こって京都の大部分が焼失し、若冲も家を失った。その後、西福寺《さいふくじ》（大阪府豊中市）の檀家であった薬問屋・吉野五運《よしのごうん》から依頼を受け、寛政元年（１７８９）ころに制作した『仙人掌《さぼてん》群鶏図《ぐんけいず》襖絵《ふすまえ》』は、晩年の傑作として名高い。寛政3年（１７９１）には、深草《ふかくさ》の石峰寺《せきほうじ》（京都市伏見区）の門前に移って隠遁生活を送った。石峰寺には、今も若冲が手掛けたと伝わる石像群がある。

晩年の若冲は、米1斗の代で誰にでも絵を描き与えたという。寛政12年（１８００）、85歳の長寿を全うして没した。

現在では多くのファンがいる若冲だが、近年までは異端の絵師とされその知名度は高くなかった。しかし、第二次世界大戦後にアメリカの美術コレクター、ジョー・プライスが若冲の作品を収集して一大コレクションを築いたことに加え、１９９０年代に米国内で開催された没後２００年を記念した特別展覧会などをきっかけに徐々に評価が高まり、２００６年に東京や京都をはじめ各地で開催された「プライスコレクション『若冲と江戸絵画』展」で注目を集め一気に人気に火がついた。

伊藤若冲画『動植綵絵《どうしょくさいえ》（群鶏図）』（出典：国立文化財機構所蔵品統合検索システム）。「鶏の画家」とも称される若冲の代表作の一つ。国宝。

司馬江漢《しばこうかん》（1747〜1818）

延享《えんきょう》4年（1747）、江漢は江戸の町家に生まれた。本名は安藤吉次郎《あんどうきちじろう》という。幼いころより絵が得意で、狩野派、南蘋《なんぴん》派などで学んだ。19歳の時、鈴木春信《すずきはるのぶ》に学んで浮世絵師となるが、その後、平賀源内と出会ったことをきっかけに洋風画を手掛けるようになる。源内を通じて小田野直武《おだのなおたけ》に師事したとも言われている。江漢は、日本で初めて銅版画（エッチング）を制作したことで知られ、油彩画も数多く描いた。代表作に『三囲《みめぐり》之景《のけい》』『銅版地球全図』などがある。また自然科学にも通じ、世界地理や天文に関する書籍も著している。

同時期に活躍した洋風画家には、秋田蘭画の中心的人物で『解体新書』の挿絵も手掛けた小田野直武や、江戸風景を描いて数多くの傑作を残した亜欧堂田善《あおうどうでんぜん》などがいる。

司馬江漢画『護持院ヶ原図』（出典：国立文化財機構所蔵品統合検索システム）。平賀源内らの影響で洋風画を学んだ江漢の油彩画。

池大雅《いけのたいが》（1723〜1776）

江戸時代中期以降、中国の画風の一つである南宗画《なんしゅうが》の影響のもとに、日本独自の発展を遂げたのが南画《なんが》である。代表的な絵師には、池大雅、与謝蕪村《よさぶそん》、谷文晁《たにぶんちょう》などがいる。

享保8年（1723）、池大雅は京都の町人の子として生まれた。幼くして父を亡くし、15歳の時には扇屋を構え、扇子に絵を描いて生計を立てていたという。16歳の時には大和郡山藩の重臣で文人画家でもあった柳沢淇園《やなぎさわきえん》にその才を認められ、文人画の手ほどきを受けた。20代にして『赤壁両遊図屏風』『陸奥奇勝図』などの傑作を残し、40代のころには独自の画法を完成させ『漁楽図』『楼閣山水図』などの代表作を描いた。与謝蕪村との合作『十便十宜図』（国宝）は、作家・川端康成《かわばたやすなり》が家を買うのを諦めてまで入手したという逸話で知られる。

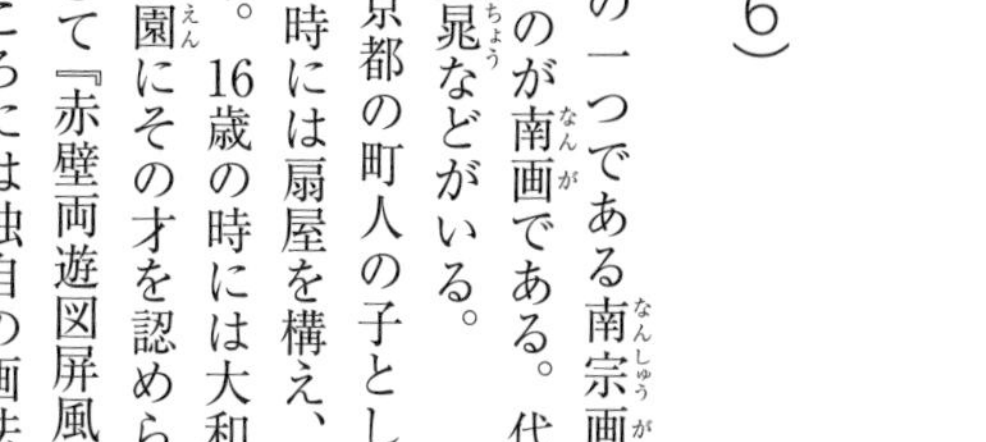

池大雅画『楼閣山水図屏風』（左隻／出典：国立文化財機構所蔵品統合検索システム）。池大雅は与謝蕪村と並ぶ日本南画の大成者とされる。国宝。

葛飾北斎《かつしかほくさい》（1760〜1849）

北斎の修業時代

葛飾北斎の出自については不明な部分も多いが、宝暦10年（1760）に江戸の本所割下水《ほんじょわりげすい》（現・墨田区亀沢《かめざわ》）近くで生まれたという。父は大奥の鏡を扱う職人であったようだ。

北斎は幼少期より絵を描くことを好み、14歳の時から浮世絵版画の彫師の修業を積むも、その後、19歳の時に絵師を志して勝川春章に入門した。

師の春章は早くから北斎を評価していたようで、入門翌年の安永8年（1779）には、北斎に勝川春朗《しゅんろう》の名で鱗形屋版の『吉原細見』の挿絵を描かせている。しかし、北斎はなかなか絵師としての人気を得ることができず、その後、長い下積み生活を送ることになる。この時代に北斎は、役者絵、黄表紙の挿絵、美人画、風俗画、相撲絵、浮絵（西洋画の透視図法を取り入れた遠近感のある絵）など様々なジャンルの作品を手掛けた。

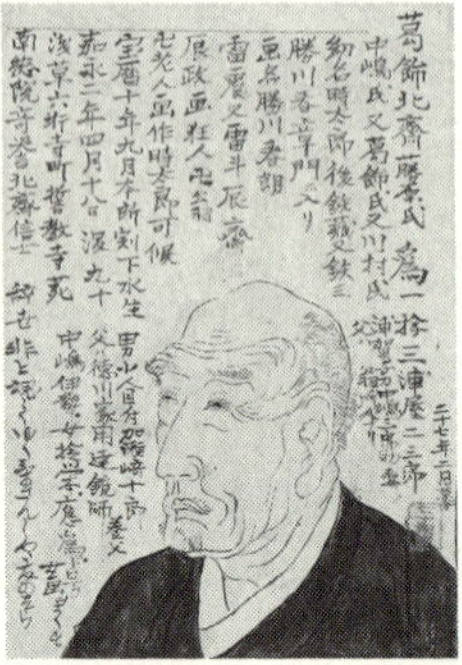

『肖像 2之巻』（国立国会図書館蔵）より葛飾北斎。

この修業時代の15年間は「春朗時代」とも呼ばれる。

寛政6年（1794）、35歳の時に北斎は勝川派を離れ、琳派《りんぱ》の俵屋宗理《たわらやそうり》を襲名する（襲名に至る経緯は不明な点が多い）。この時期に北斎は独自の作風を確立し、歌絵本や摺物などを積極的に世に出していく。当時の作品には洋風なものも多く、陰影法、遠近法などを積極的に取り入れていた。

寛政10年（1798）ごろ、北斎は宗理の号を家元に戻し、このころから「北斎」を名乗るようになる。

蔦重が期待をかけた二人の若者

黄表紙が寛政の改革によって衰退したのち、新たな人気ジャンルとなったのが読本である。漢字仮名交じりで書かれ、中国の通俗小説のような壮大なストーリーが特徴で、怪談、復讐《ふくしゅう》劇が多かった。

北斎は、この読本挿絵で魅力的なキャラクターを描き、物語をより劇的に見せることに長けた絵師として注目を集めた。

北斎は、その後も曲亭馬琴と何度もタッグを組み、『新編水滸画伝』『新累解脱物語《しんかさねげだつものがたり》』

葛飾北斎画『冨嶽三十六景 神奈川沖浪裏』(出典：国立文化財機構所蔵品統合検索システム)。世界的に広く知られる北斎の代表作。

『椿説弓張月《ちんせつゆみはりづき》』など数々のヒット作を生み出した。北斎は、馬琴の作品にもっとも挿絵を描いた絵師でもある。

北斎と馬琴はプライベートでも親しかったようで、馬琴の家に北斎が居候《いそうろう》していたこともあったという。ただし、北斎は挿絵について馬琴の指示に従わないため、しばしば喧嘩《けんか》になったこともあったようだ。

そんな二人に大きな期待を掛けていたのが蔦重であった。

北斎が30代、馬琴が20代のころ、蔦重は二人を組ませて次世代のスターにしようと考えていたようだ。その後、北斎も馬琴も蔦重の期待どおり絵師と戯作者として人気を獲得していくわけだが、そのころにはすでに、蔦重はこの世にいなかった。

もし、蔦重がもう少し長く生きていたならば、果たしてこの二人をどうプロデュースしていったのか、気になるところだ。

天保年間(1830~1844)には、北斎は名所絵で人気を博す。それまで浮世絵で人気だったのは役者絵、美人画などであり、風景画はマイナーなジャンルであったが、北斎が描いた『冨嶽三十六景』は空前のヒットとなる。このジャンルには歌川広重も登場し、その後、西洋の絵画や芸術にも多大な影響を与えることになる。

また北斎の代表作として知られているのが『北斎漫画』だ。「漫画」といっても現代の我々が想像するものではなく、絵の描き方を習うために、手本の絵が描かれている絵手本というジャンルのものである。当時、趣味としても絵は流行っていたので、この手の作品には需要があった。最初は10編の予定で売り出すも、好評だったため、その後さらに5編が刊行された。

北斎の変人伝説

今や北斎は海外でも人気であり、日本が世界に誇る天才の一人といっても過言ではないだろう。一方で、天才にはしばしば常人には思いつかないようなエピソードが残っているものだ。北斎もその例に漏れない。

そうしたエピソードの一つとして、北斎が時の将軍・家斉の前で絵を描いた時の話が伝えられている。

将軍の御前で北斎は、細長い大きな紙を広げ、刷毛《はけ》で藍色の太い線を引いた。そして籠から2羽の鶏を出すと、足の裏に朱肉をつけて放した。すると鶏は紙の上に朱い足跡をつけていった。太い線は川で、鶏の足跡は紅葉。北斎は「龍田川の風景」と説明した。龍田川は奈良にある、紅葉の名所として知られる場所だ。将軍はとても喜んだという。

また、北斎は生涯に93回もの引っ越しをしたという。これは、絵を描くばかりで掃除をしなかっ

葛飾北斎画『北斎漫画』(メトロポリタン美術館蔵)より「家久連里(鼠の隠里)」。

たため、手狭になるとすぐに引っ越しをしていたためともいわれている。

変えたのは住む場所だけでなかった。北斎は画号もよく変えており、「勝川春朗」「俵屋宗理」「宗理改北斎」「北斎辰政《ときまさ》」「不染居北斎」「画狂人北斎」「鉄棒ぬらぬら」「九々蜃《くくしん》北斎」「可候」「戴斗《たいと》」「為一《いいつ》」「画狂人」「卍老人」「画狂老人卍」など、30近くの号を称したといわれている。勝川派や琳派としてのしっかりとした画号もあれば、もはやふざけているとしか思えないようなものまである。

常人には計り知れない才能を持つ一方で、落ち着きがない人でもあったのだろう。90歳という、当時としては異例の長寿であった北斎は、亡くなる直前まで現役の絵師として描き続けた。浮世絵以外にも、土佐派、狩野派、琳派などあらゆる画法を学び、絵画を追求し続け、描き続けるという姿勢は生涯変わらなかった。

死因は、病ではなく老衰であったという。

なお、北斎の葬儀はともに暮らしていた三女のお栄が行った。お栄は顎が出ていたため、北斎はいつもこの娘のことを「アゴ」と呼んでいたらしい。お栄も葛飾応為《おうい》と名乗る絵師であったが、北斎が亡くなった8年後の安政4年(1857)に、家を出たきり行方不明になったという。

栄松斎長喜《えいしょうさいちょうき》（生没年不詳）

出自、師匠が不明の人気絵師

江戸時代の人物は、特に出自が武士以外（町人など）の場合は残されている記録が少ないことが多く、出身地や生没年などの具体的な情報がわからないことも多い。町人出身であったと思われる栄松斎長喜も、謎の多い浮世絵師の一人である。

まず、浮世絵師にとって大切な情報であるはずの師匠が誰であったのかが不明である。長喜は一時期「子興《しこう》」と名乗っていた時期があり、喜多川歌麿の師匠である絵師・鳥山石燕の門下にも同名の俳人がいたことから同一人物とする説もあったが、現在では、この説は疑問視されている（ただし、石燕の弟子ではなかったという証拠もない）。

長喜についてわかっていることは、天明から文化（1804～1818）の時代に活躍した絵師で、寛政8年（1796）ころに一時、子興に改名するが、その後、享和元年（1801）ころに、再び名前を栄松斎長喜に戻しているということ。そしてデビュー作は『碑文谷噺《ひもんやばなし》』であったことだ。

『碑文谷噺』は、滑稽本から派生した笑い話を集めた「噺本」というジャンルの作品で、長喜はこの本の挿絵を担当。同時期には錦絵の制作も開始したようで、多くは美人画であるが、役者絵も残している。

代表作『雪中美人と下男』

長喜が寛政期に、蔦重のプロデュースのもと手掛けた大首絵の連作は特に評価が高い。女性の半身像を大きく描いたシリーズで、「初日の出」「蛍狩」「観月」「雪」など、四季の光景を鮮やかに描き出しているのが特徴である。

中でも特に人気が高いのが、『雪中美人と下男』である。雪の中で傘を差した女性が、下男の肩を借りて身体を支えている様子を描いたものである。この絵は、

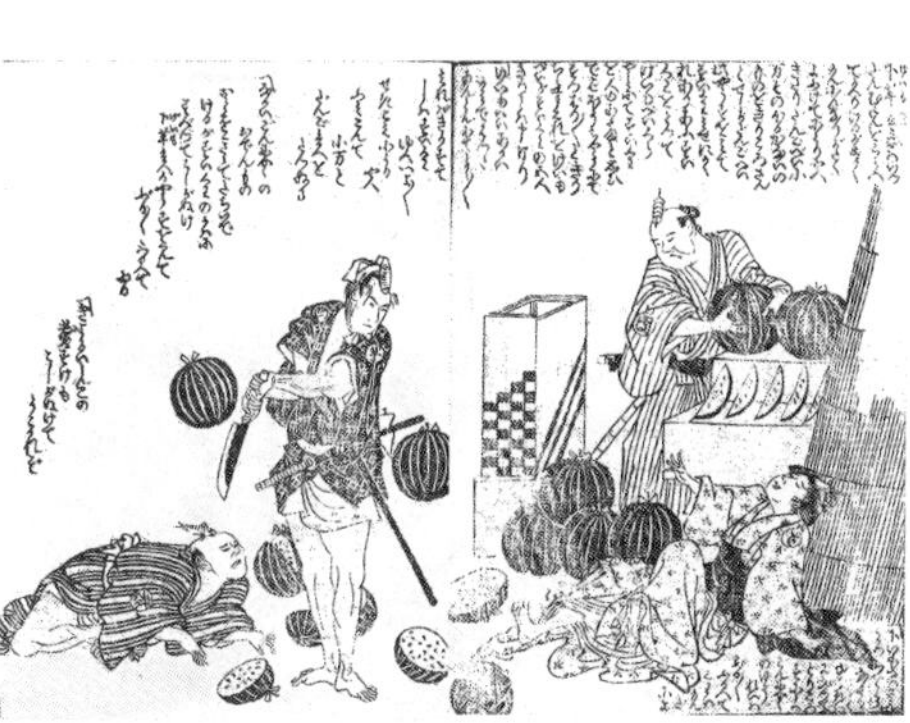
山東京伝作・栄松斎長喜画、蔦屋重三郎出版『五人切西瓜のたち売』（国立国会図書館蔵）より。題名は歌舞伎『五大力恋緘《ごだいりきこいのふうじめ》』のもじりで、食べ物尽くしの異類騒動を描く。

栄松斎長喜画、蔦屋重三郎出版の大判錦絵『雪中美人と下男』（出典：国立文化財機構所蔵品統合検索システム）。

背景に蔦重が好んだ雲母《きら》を刷り込み、貝殻を粉にした胡粉《ごふん》で雪を描くという豪華な仕様で売り出された。

なお、タイトルには「下男」とあるが、描かれた男女は江戸時代中期の女流俳人である秋色女《しゅうしきじょ》とその父親ともいわれている。

不明な点の多い長喜ではあるが、当時の出版界における二大巨頭ともいえる蔦重と鶴屋喜右衛門《つるやきえもん》から競うように起用されていたことから、かなりの人気絵師であったことは間違いない。

蔦重のもとで写楽とともに活躍

寛政期の美人画は、艶麗な作風で人気を博した喜多川歌麿と、気品あふれる描写で評判を呼んだ鳥文斎栄之がしのぎを削っていた。

そうした中、栄松斎長喜はこの二者とは異なる独特な画風で、自らのポジションを確立していく。

長喜の描いた美人画は、歌麿の作風をベースにしながらも、線が細く優しい顔立ちで、少女のような可憐《かれん》さも持ち合わせた女性を描いたものが多い。江戸の女性たちを題材としたものが多いが、京や大坂の芸妓を描いたものも残っている。

また、役者絵については東洲斎写楽と似た作風であることから、かつては写楽の正体を長喜とする説もあった。しかし、この説は現在では否定されている。しかし、長喜が蔦重のもとで活躍した時代は写楽と重なるため、何かしらの関係性はあったであろう。

その他、長喜は鶴屋喜右衛門をはじめ多くの地本問屋から黄表紙の挿絵を依頼されており、蔦屋から出版された山東京伝作『五人切西瓜のたち売』、曲亭馬琴作『妙黄奈粉殻《みょうきなこごめ》道明寺《どうみょうじ》』などでも画工を務めている。

さらに長喜は、数は少ないながら浮世絵の風景画も手掛けた。活動期間の後期には上野や浅草、日本橋などの情景を描いた『江戸名所八景』を出版している。

長喜が絵師として活躍したのは文化5年（1808）ころまでで、その後のことはわかっていない。

東洲斎写楽《とうしゅうさいしゃらく》（生没年不詳）

彗星のごとく現れた大型新人

寛政の改革のころ、山東京伝の本が摘発され、自身も財産半減の処分を受けたことで、蔦重は窮地に陥る。これまで地本問屋として破竹の勢いで成長し続けてきた耕書堂も、商売の規模を縮小せざるをえなくなっていた。また、天才絵師・喜多川歌麿はすでに蔦重のもとを去り、蔦屋はいわばスター不在の状況であったが、そんな窮地に彗星のごとく現れたのが東洲斎写楽であった。

ご存じのとおり、写楽の出自、生没年、師匠など、あらゆるパーソナルデータは、ことごとく不明である。

わかっていることといえば、寛政６年（１７９４）５月に何の前触れもなく登場し、わずか10カ月ほどでおよそ１４０の作品を残し、その後は忽然《こつぜん》と歴史の表舞台から姿を消したことくらいである。

東洲斎写楽画、蔦屋重三郎出版『三代目大谷鬼次の奴江戸兵衛』（出典：国立文化財機構所蔵品統合検索システム）。東洲斎写楽のデビュー作のシリーズのうちの一枚。

写楽が登場したのは、寛政の改革により江戸の出版文化が大打撃を受け、役者絵で知られる鳥居派や勝川派も元気がなかった時期である。そうした時期に、写楽は突如〝大型新人〟として登場した。

写楽のデビュー作は28点、すべて大首絵で、背景は黒雲母摺《くろきらずり》であった。大首絵とは、歌舞伎役者や遊女の上半身を大きく描いた浮世絵のことで、人気者を間近で見てみたいというファンの要望を満たすものでもあった。また、雲母摺は、キラキラと輝く雲母で背景を一色に塗りつぶすという、蔦重が好んだ技法である。

当時、写楽の浮世絵は大いに人気を得たというが、誇張された戯画的な表現を好まない歌舞伎役者のファンたちも多かったようだ。喜多川歌麿も、写楽の絵を見て「役者の欠点を誇張して似せたもの」として批判していたという。

ヨーロッパで再評価された写楽

写楽の浮世絵は4期に区分されるが、写楽と聞いて多くの人が思い浮かべるのは、第1期の大判28点からなるデビュー作であり、今日もっとも評価が高いのも、この時期のものである。

同年7月の第2期以降、写楽は細判を中心に役者の全身像を描くという従来の他の作者の役者絵に似せた作品を刊行するようになり、同年11月の第3期を経て、翌寛政7年(1795)1月に12点の作品を刊行した第4期を最後に、浮世絵界から忽然と姿を消す。

今では内外にファンの多い写楽の浮世絵だが、そうした評価は明治時代以降、逆輸入の形で確立していくことになる。

明治31年(1898)、アメリカ人の東洋美術史研究家だったアーネスト・フェノロサが、評価こそ低かったものの写楽の浮世絵に注目し

東洲斎写楽画、蔦屋重三郎出版『三代目大谷鬼次の川島治部五郎』(出典：国立文化財機構所蔵品統合検索システム)。前ページと同じ鬼次を描いた写楽の第2期の作品。

ている。そして明治43年（1910）には、ドイツ人の美術研究家ユリウス・クルトが写楽の評伝を執筆し、同書の中で写楽を、レンブラント・ファン・レイン、ディエゴ・ベラスケスと並ぶ肖像画の画家として絶賛した。これにより写楽の名が海外でも知られるようになり、日本でも写楽の作品が再評価されていくことになる。

誰が「写楽」だったのか？

日本の芸術史上、あるいは日本史上における最大のミステリーの一つが、「写楽は誰だったのか」という謎である。

東洲斎写楽画、蔦屋重三郎出版『二代目中島三甫右衛門と初代中村富十郎』（出典：国立文化財機構所蔵品統合検索システム）。写楽がもっとも多くの作品を発表した第３期の作品。

写楽の正体については、これまで多くの専門家により数多《あまた》の説が提唱されてきたが、ここではいくつかの代表的な説を紹介する。

①斎藤十郎兵衛《さいとうじゅうろべえ》説…江戸時代末期の町名主で、在野の学者でもあった斎藤《さいとう》月岑《げっしん》は、天保15年（1844）刊行の『増

補浮世絵類考』に、写楽は八丁堀《はっちょうぼり》に住む徳島藩のお抱え能役者・斎藤十郎兵衛と記しており、のちに写楽を絶賛したユリウス・クルトもこの説を踏襲している。写楽が活躍した時代からさほど隔たりのない時期に称えられた説ということもあり、現在では定説となっている。なお、平成９年（１９９７）には埼玉県越谷市《こしがや》の法光寺《ほうこうじ》で、「八丁堀の地蔵橋に住んでいた徳島藩に仕える斎藤十郎兵衛が58歳で死去し、文政３年（１８２０）に千住《せんじゅ》で火葬された」との内容の記述がある過去帳が発見されている。

②歌川豊国《とよくに》説…哲学者・梅原猛《うめはらたけし》による説。豊国は写楽のライバルとされる人物であり、いわば逆張りの発想である。「東洲」は「とうくに」と読め、そこから「豊国（とよくに）」と通ずることを根拠とする。さらに梅原は、「しゃらく（写楽）」を逆から読むと「くらやし」となり、これが豊国の本名である「倉橋」に近いとも説明している。

③鳥居清政説…鳥居清政は鳥居清長の子で、自らも絵師であった。しかし、

東洲斎写楽画、蔦屋重三郎出版『三代目板東彦三郎の工藤』（出典：国立文化財機構所蔵品統合検索システム）。本作を含む第４期の12点を最後に、写楽は表舞台から姿を消す。

清長は鳥居派の当主となる際、跡継ぎ争いが起こることを防ぐため我が子・清政に筆を折らせている（76ページ参照）。絵師を辞めたあとの清政の動向が不明であることから、写楽として再デビューしたのではないかとする説である。

④山東京伝説…寛政の改革の際、蔦重とともに処罰を受けた京伝だが、実は写楽が活躍した年にはまったく作品を発売していない。また、京伝の作品の挿絵には、写楽が描いた役者絵に似たものがあると指摘する専門家もいる。

⑤蔦屋重三郎説…蔦重がプロデュースだけでなく、自ら作品を描いたとする説である。ありえないと思う人もいるかもしれないが、蔦重のまわりには腕のいい絵師や摺師などが大勢いたはずであり、彼らの力を借り、自身が理想とする〝謎の絵師〟を仕立て上げることも可能だったはずだ。また、蔦重と写楽の署名が似ているとする指摘もある。

他にも、葛飾北斎、喜多川歌麿、栄松斎長喜、谷文晁、円山応挙、司馬江漢、十返舎一九などの多くの名前が、これまで写楽候補としてあげられてきた。また、写楽の作品は短期間に量産されたうえ、時期によって画法も異なることから、複数の絵師が写楽を名乗り描いていたとする説もある。

酒井抱一《さかいほういつ》（1761～1828）

譜代筆頭の家に生まれた風流人

姫路藩主の酒井家といえば、家康の代から徳川家の側近として仕え続けている家柄であり、彦根藩主の井伊家と並ぶ譜代筆頭の名門だ。そんな酒井家の次男として江戸に生まれたのが、酒井抱一である。

大名家の一族として生まれた抱一は、若くして柔術、弓術、槍術を学ぶ。また、もともと酒井家は芸術を好む家柄であったことから、絵画、和歌、連歌、書、能などを習った。さらに、抱一は三味線、浄瑠璃、太鼓、刀剣・書画の鑑定などにも通じる風流人でもあった。

特に彼が力を入れたのが絵画と狂歌である。

絵画は最初、狩野派で学び、続けて浮世絵、また土佐派の技法、円山派の写生も身につける。特に尾形光琳《おがたこうりん》には心酔し、「江戸琳派《りんぱ》」を興した。

宿屋飯盛編・北尾政演画、蔦屋重三郎出版『古今狂歌袋』（国立国会図書館蔵）より尻焼猿人（酒井抱一の狂名）。

また狂歌では、尻焼猿人《しりやけのさるんど》との狂名で活動し、蔦重が手掛けた狂歌集にも登場する。ちなみに当時、すでに抱一は「名門出身ながら一級の芸術家」と認識されていたようだ。また、蔦重は、抱一のような身分の高い人物も狂歌を嗜《たしな》むということを強調することで、自らが手掛ける狂歌本などにも権威を持たせることができると考え、抱一の狂歌の活動を後押ししたともいわれている。

吉原通いを好み、花魁を身請けして内妻に

抱一といえば、青年期より吉原通いに夢中になっていたことがよく知られている。特に若いころは、絵の師である谷文晁と連れだって遊びに出掛けていたが、二人には遊び方に違いがあったようだ。

谷はなじみの遊女をつくることなく、相手は常に一夜限り。時間になると、さっさと帰るタイプであった。一方の抱一は、酒は飲まないものの、すぐに遊女にのめり込んでしまい何日も居続けることが多かったという。

そんな抱一はやがて、吉原に近いという理由で浅草に移り住み、遊女たちに絵画を教えたり、狂歌の会を吉原で開いたりするようになる。そして40代半ばで、吉原の花魁を

身請けして、内妻とした。彼女は絵がうまく、芸術面で抱一の良き理解者にもなったという。

　さらには彼女に仕えていた若い遊女も引き取り、家では廓言葉《くるわことば》を使わせていた。とにかく抱一は、吉原の雰囲気が大好きだったようだ。金払いが良かったことから吉原の女性たちにも人気で、年季の明けた遊女を一時的に家に住まわせてあげたり、知人に紹介して縁談をまとめたりもした。

養子の話はすべて拒否

　名門の家に次男として生まれた抱一には、いくつもの養子の話が届いていた。その中には古河・土井家、岡山・池田家など酒井家にひけをとらないような名門の家からの誘いもあった。

　しかし抱一は、首を縦にふらなかった。次男である抱

酒井抱一画『四季花鳥図巻』(部分／出典：国立文化財機構所蔵品統合検索システム)。四季の花鳥を鮮やかに描いた絵巻。

一は、いざ兄・忠以《ただざね》に不測の事態が起これば、すみやかに家を継がなければいけない。そんなことを考えて養子の話を断っていたと見られなくもないが、どうやら、そんなに立派な話ではなさそうだ。

もし、大名ともなれば、参勤交代が義務づけられる。これは、よく知られているように、江戸と領地を一定期間で行き来しなければいけない制度なので、何よりも江戸を愛する……というよりも、何よりも吉原を愛する抱一からすれば、江戸を離れて地方に行くなど、まっぴらごめんということだったようだ。

兄が生きている時は、藩から吉原で遊ぶ金も支給されており、これほど気楽な身分を捨てたくないと思う気持ちもあったのだろう。ただ、そんなうまい話もずっとは続くことがなく、兄が亡くなり子の忠道《ただみち》が跡を継ぐと、藩からの支給はなくなった。

金を工面しなければいけなくなったことで、抱一は豪商の鴻池《こうのいけ》家に絵を売るなどして生活費を稼ぐようになった。兄の死から7年後、37歳の時には出家するも、この出家は抱一の本意ではなかったようで、吉原通いは終生続いた。

晩年には、当時絶大な権勢を誇った一橋治済《ひとつばしはるさだ》から依頼を受け、光琳の『風神雷神図屏風』の裏面に傑作『夏秋草図屏風《なつあきくさ》』を描いている。

本居宣長《もとおりのりなが》（1730〜1801）

享保15年（1730）、宣長は伊勢松坂《まつさか》（現・三重県松阪市）の木綿商の家に生まれた。幼いころより和歌に関心を持ち、『源氏物語』を愛読していたという。

宝暦元年（1751）、宣長は兄が亡くなったため家督を相続するが、母は宣長に商売の才能を感じなかったらしく、医師になることを勧める。23歳の時、宣長は医師となるため京に遊学。医学のほか、朱子学者・堀景山《ほりけいざん》に入門し儒学を学んだ。28歳で松坂に戻った宣長は町医者になるが、このころに最初の歌論書『排蘆小船《あしわけおぶね》』を著している。また、医師としての仕事が終わると、二階の自室で国文学の研究を続ける一方、『源氏物語』など古典の講義も行っていた。

宝暦13年（1763）、宣長は国学者の賀茂真淵《かものまぶち》に出会い、入門する。このときから、宣長の研究対象は国文学から神話や神道に移っていった。

『肖像 2之巻』（国立国会図書館蔵）より本居宣長。

翌年の宝暦14年(1764)には、宣長は早くも『古事記伝《こじきでん》』の執筆を開始する。『古事記』はすべて漢字だけで記されているため、当時の人々には解読が困難であった。そこで宣長は、誰でも『古事記』に親しめるよう、この時から33年の歳月をかけて『古事記伝』を書きあげたのである。

天明7年(1787)、すでに国学者として名が知られていた宣長は、紀州藩主・徳川治貞《はるさだ》から政治について意見を求められた。天明年間には各地で飢饉が起きており、執政に悩んだ治貞が宣長の学識に対する評判を聞き、意見を求めたようだ。

このとき、宣長は自身の著書である『秘本玉くしげ』を治貞に献上した。同書では百姓一揆について、「上に立つものが悪いから起こる」と遠慮のない指摘をしていたが、この件で宣長が罰せられることはなかった。それどころか、宣長は和歌山城へ招待されて、講義することを求められた。

なお、寛政7年(1795)には、蔦重が松坂の宣長のもとを訪れ対面している。寛政の改革の影響で黄表紙が売れなくなったため、蔦重も出版ジャンルの方向転換を模索していたのだろう。同年、蔦重は宣長の著書『手枕《たまくら》』を江戸で出版した。

享和元年(1801)、宣長は72歳で死去した。

上田秋成《うえだあきなり》（1734～1809）

享保19年（1734）、秋成は大坂で生まれ、4歳で堂島《どうじま》（現・大阪市北区）の紙油商を営む上田茂助《もすけ》の養子となった。しかし、養子に入った翌年に疱瘡《ほうそう》となり生死の淵をさまよい、さらに養母がこの年に亡くなるなど不遇の幼少期であった。28歳の時、養父が亡くなったことから、秋成は紙油商を継ぐが、商売は苦手であったようだ。30歳ころから和歌や国学を志すようになり、一方では明和3年（1766）から浮世草子（小説の一種）を手掛けるようになった。そして、安永5年（1776）、代表作である読物『雨月《うげつ》物語』を刊行。同書は怪談の形をとりながら、人間の本性を描いた作品として今なお評価が高い。

明和8年（1771）に火事で店が焼失。それをきっかけに秋成は医者に転職して尼崎で開業した。国学にも造詣が深かった秋成は、天明6年（1786）に本居宣長の皇国主義を強く批判し、論争となった。

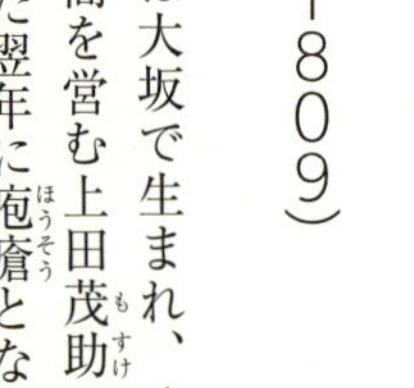

『上田秋成全集 第1』（国立国会図書館蔵）より上田秋成肖像。

塙《はなわ》保《ほ》己《き》一《いち》（1746〜1821）

延享3年（1746）、保己一は武蔵国保木野《ほきの》村（現・埼玉県本庄市）の農家に生まれた。7歳の時、保己一は病によって全盲となり、15歳で江戸に出て鍼灸《しんきゅう》や按摩《あんま》の修業を積むが挫折。国学者で歌人の萩原宗固《はぎわらそうこ》に入門し学問の道に進む。他にも神道を川島貴林《かわしまたかしげ》に、故事考証を山岡浚明《やまおかまつあけ》に学んだ。

その後、保己一は、大文献集「群書類従《ぐんしょるいじゅう》」666冊をはじめ、貴重な文献の校正作業を手掛け、出版していく。さらに48歳の時に「和学講談所」を創設。これは国学の研究をする機関で、ここから多くの弟子が育っていった。やがて保己一は幕府からも財政支援を受けるようになり、文政4年（1821）には盲人の最高位である総検校に就いたが、同年76歳で死去した。

昭和12年（1937）に来日したヘレン・ケラーは、母より「日本の塙保己一先生はあなたの人生の目標となる方だ」教えられたと語っている。

『肖像集 5』（国立国会図書館蔵）より塙保己一。

トピック②

江戸と災害

明和の大火と蔦重

「火事と喧嘩は江戸の華」

　そんな言葉も残るほど、江戸はとにかく火事が多い街だった。記録されているだけで、幕末までに2000件以上もの火事があったことがわかっている。しかも火事となれば、木造建築ばかりの江戸の街はすぐに火の手が広がり、大きな被害へと発展してしまうことになる。

　火災による大打撃を警戒した幕府が、江戸の町に火消制度を整備したことはよく知られている。そして、放火に対しての刑罰は非常に重くしていた。「八百屋お七」で知られる16歳のお七という女性は、当時としては成人の年齢であることから、放火の罪で火《ひ》焙《あぶ》りの刑となっている。

　とくに甚大《じんだい》な被害をもたらした、明暦の大火、明和の大火、文化の大火は、江戸三大大火として知られている。

明和9年（1772）2月に起きたのが目黒行人坂大火とも称される明和の大火である。目黒から出火し、麻布、芝、日本橋、京橋、神田、本郷、下谷、浅草などへ類焼し、江戸の三分の一を焼き尽くしたという。記録によると、大名屋敷は169軒、橋は170本、寺は382軒が燃え、死者は1万4700人にものぼった。

明和の大火の出火原因は、武州《ぶしゅう》熊谷《くまがや》無宿の真秀《しんしゅう》という僧が、盗みのために目黒の大円寺《だいえんじ》に放火したことだった。真秀は、火付盗賊改の長官・長谷川宣雄《はせがわのぶお》（長谷川宣以《のぶため》の父）の配下に捕らえられ、市中引き回しのうえ小塚原の刑場で火刑に処された。なお、この火事がきっかけで、明和の元号が安永に改められた。

蔦重は吉原で耕書堂を開店した年に明和の大火に遭遇しており、火は吉原遊廓にも及んだ。

『目黒行人坂火事絵巻』（写本・部分／国立国会図書館蔵）。明和の大火の火元は行人坂大円寺だったと伝わる。

噴火が蔦重の運命を変えた？

当時の江戸の庶民を悩ませたのは火事だけではない。蔦重が耕書堂本店を通油町に移転した天明3年（1783）には、浅間山《あさまやま》噴火が発生している。蔦重の運命にとっては、この災害のほうが、影響が大きかったかもしれない。

噴火の影響は甚大で、溶岩流や火砕流が麓の村々を焼き尽くした。しかし、それだけであれば一地方の災害として、江戸庶民にまで大きな影響を及ぼすことはなかったであろう。最も深刻な被害をもたらしたのは、各地に広がった火山灰であった。成層圏に達した火山灰が陽光を遮ったことで日射量が減少し、農作物に壊滅的な被害をもたらしたのだ。この影響で、すでに始まっていた天明の飢饉に拍車をかけることになり、東北地方の農村を中心に、全国で数万人規模の餓死者を出すことになった。

そのため、農村部から逃げ出した農民は江戸をはじめとする都市部へと流入して治安が悪化し、各地で一揆が群発、江戸や大坂では米屋への打ち壊しが起こった。

こうして庶民の間でくすぶっていた不満は、災害をきっかけに政治への不満としてもふくらみ続け、やがて老中・田沼意次の失脚へとつながっていく。

第三章

蔦重を取り巻く
謎多き奇人・粋人たち

朋誠堂喜三二《ほうせいどうきさんじ》（1735〜1813）

江戸御留守居役にして戯作者

朋誠堂喜三二の本名は平沢常富《ひらさわつねとみ》。享保20年（1735）、江戸の武家に生まれた。

若き日の喜三二は、俳諧や漢学を学ぶ一方で、舞や鼓《つづみ》なども習い、芝居を好んだという。14歳のころ、喜三二は秋田藩士・平沢家の養子となる。平沢家は、愛洲陰《あいすかげ》流剣術の開祖の血筋を引く家系であった。

喜三二は、近習《きんじゅう》役から江戸御留守居役と順調に出世コースを進む一方で、役職がら吉原での社交にも勤しみ、「宝暦の色男」を自称していたという。

また、安永のころには江戸御留守居役を務めるかたわら、「朋誠堂喜三二」の名で戯作も手掛けるようになる。なお、朋誠堂喜三二という戯作名は、〝武士の高楊枝〟を意味する「干せど気散じ」のもじりである。

宿屋飯盛編・北尾政演画、蔦屋重三郎出版『古今狂歌袋』（国立国会図書館蔵）より手柄岡持（平沢常富の狂名）。

喜三二の戯作者としての初作は、安永2年(1773)に金錦佐恵流《きんきんさえる》名義で刊行された『当世風俗通』とも言われるが、本作は挿絵を担当した恋川春町の作とする説もある。安永6年(1777)ころには『親敵打腹鼓《おやのかたきうてやはらつづみ》』などを出版し、喜三二の戯作者としての活動が活発化。恋川春町とともに黄表紙という新ジャンルを確立していく。また、このころから喜三二は、蔦重が刊行する『吉原細見』にしばしば序文を寄せている。

天明元年(1781)、喜三二は秋田藩の江戸御留守居役筆頭に任じられる。

江戸御留守居役とは、江戸の藩邸で幕府や諸藩と自藩との間を取り持つ渉外担当役で、有能な藩士が抜擢される役職であり、その筆頭ともなれば藩政の中枢を担う重職である。また、江戸で様々な情報収集をすることも、いわば外交官的な立場にある江戸御留守居役の重要な任務であった。喜三二も様々な情報を得られる立場にあり、それが黄表紙を書く際にも役立ったはずだ。

秋田藩の重役が戯作も書くことは、現代でいえば超エリート公務員が現職のままエンタメ系の作家活動をするようなものであり、恋川春町(70ページ参照)の例もあるとはいえ、喜三二はかなり異色の存在であった。

なお、この時期から喜三二は手柄岡持《てがらのおかもち》の号で狂歌師としても活躍している。当時は田沼意次の治世であり、ある意味で非常におおらかな時代であったからこそ、喜三二のような人物であっても戯作界で筆をふるうことができたのだろう。

藩命により黄表紙の世界から退く

　天明8年（1788）、喜三二は蔦重のもとから黄表紙『文武《ぶんぶ》二《に》道万石通《どうまんごくどおし》』を出版。この作品は舞台を鎌倉時代に設定しているものの、作中には前年に老中首座に就任し幕政改革を進めていた松平定信を思わせる人物が登場する。風刺が身上の黄表紙であるので、当然ながら定信の政策を揶揄するような内容であった。

　当時の江戸の庶民たちも、定信が進める改革について思うところがある人は多かったのであろう。幸か不幸か、この作品は大ヒットする。

　しかし、徐々に寛政の改革が進んでいく中で、蔦重

朋誠堂喜三二作、蔦屋重三郎出版『見徳一炊《みるがとくいっすいの》夢《ゆめ》』（国立国会図書館蔵）より。同作は大田南畝らによる『絵草紙評判記』で高く評価された。

はこのままでは定信に目をつけられると懸念したのだろう。『文武二道万石通』は急遽《きゅうきょ》彫り直され、再版バージョンを売ることで弾圧から逃れようとしたようだ。

秋田藩も、喜三二に対して何かしらの処置をしなければ藩ごと問題視されるのではないかと恐れたようで、喜三二に筆を折らせた。この秋田藩の処置については、すでに定信から圧力を掛けられていたとする説もあるが、真偽のほどは定かではない。

その後の喜三二については、藩命で秋田に行かされたとの説もあれば、そのまま江戸に残ったとする説もあるが、いずれにせよ喜三二は黄表紙の世界から退く。しかし、喜三二の文芸創作への熱が衰えることはなかったようで、狂歌の創作はその後も続けた。

一方、喜三二の親友であり、黄表紙草創期には相棒的な存在でもあった駿河小島藩士・倉橋格《くらはしいたる》こと恋川春町は、定信から呼び出しを受けたのち、ほどなくして亡くなる。さらには蔦重と山東京伝も処罰された。この流れに多くの作家たちは萎縮した。黄表紙には政治風刺の笑いがつきものであったが、それを貫くことが困難になってしまった。結局、定信の取り締まりにより、黄表紙というジャンルは衰退していく。

文化10年（1813）、喜三二は79歳で死去。翌年の文化11年（1814）には、喜三二の狂歌集『岡持《おかもち》家《か》集我《しゅうわが》おもしろ』が刊行されている。

曲亭馬琴《きょくていばきん》（1767～1848）

幼くして父が死に、流浪の生活へ

『南総里見八犬伝』の著者として知られる曲亭馬琴は、旗本の松平信成《のぶなり》に仕える用人・滝沢興義《おきよし》の五男として生まれた。本名は滝沢興邦《おきくに》（のちに解《とく》と改名）という。

幼少期の馬琴は、文字を早くに覚え、母が話し聞かせてくれた浄瑠璃の内容をすぐに諳《そら》んじるなど、すでに作家としての才能の片鱗《へんりん》を見せていた。

安永4年（1775）、馬琴が9歳の時に父が亡くなり、長兄の興旨《おきむね》が家督を継いだが、俸禄を半減されたため馬琴に家督を譲った。

10歳にして滝沢家を継いだ馬琴は主君の孫、八十五郎《やそごろう》に小姓として仕えたが、八十五郎の暗愚に耐えかねて14歳で出奔。叔父のもとへ身を寄せたが、すぐに長兄の興旨が水谷信濃守に仕えたことから、馬琴もついていく。しかし、興旨はわずか半年ほどで水谷

『近世列伝体小説史』（国立国会図書館蔵）より曲亭馬琴肖像。

家を離れ小笠原《おがさわら》家に移った。

なお、長兄の興旨は羅文《らぶん》と号して俳諧を嗜んでおり、馬琴も兄とともに越谷吾山《こしがやござん》に師事して俳諧を深めたという。

その後、馬琴も長兄同様に武家の渡り奉公を続けていたが、やがて武士として生きていくことに嫌気が差し、医者、儒者、狂歌師、俳諧師、戯作者など、別の道を模索するようになっていった。

寛政2年(1790)、24歳になった馬琴は、当時、すでに戯作の第一人者として知られていた山東京伝のもとに酒一樽を持って訪ねた。戯作者としての弟子入りを志願したのだ。誰の紹介でもなかったため京伝は当初、迷惑がったようだが、馬琴がまったく引かないので、京伝は家にあげた。会話をしていく中で、京伝は馬琴に何かしらの魅力を感じたようで、「戯作は教えようと思っても教えられるものではない。ただ、何か相談があったら来てもいい。何か書いたら見せに来い」と告げたという。

そこで馬琴は、さっそく戯作を書いて京伝のもとを再訪。京伝もそれなりには評価したようで、翌年、板元の和泉屋市兵衛のもとから黄表紙『尽用而二分狂言《つかいはたしてにぶきょうげん》』を、京伝門人大栄山人の名義で刊行することになる。この処女作は多少の評価を得たようだ。やが

曲亭馬琴作・北尾重政画、蔦屋重三郎出版『龍宮《たつのみや》苦界《くがい》玉手箱《たまてばこ》』（国立国会図書館蔵）より。三浦屋島太郎（浦島）が竜宮の乙姫（遊廓の花魁）を訪れる物語。

て、馬琴は京伝の家に居候をして、代作を担うような関係になっていく。

馬琴、蔦重の使用人となる

寛政４年（１７９２）、馬琴は京伝の紹介で、蔦重が営む通油町の耕書堂に使用人として住み込むようになった。蔦重も馬琴の才能に期待していたらしく、ただの使用人という待遇ではなかったらしい。この時期、馬琴は多くの読書をして作品も書いた。

馬琴が27歳のとき、蔦重は元飯田町の履物商への入り婿の話を持ってきた。自らが武士の一族というプライドを持っていた馬琴は嫌がったようだが、なんといっても経済的な安定が望めるという魅力は大きく、結局は受け入れることにした。

生活が安定したことで、馬琴の創作熱はかえって増したようだ。寛政8年（1796）には蔦重が経営する耕書堂より初の読本『高尾船字文《たかおせんじもん》』を刊行するも、翌年、蔦重は没する。

しかし、馬琴の筆が衰えることはなかった。文化元年（1804）に刊行した『復讐月《かたきうちげっ》氷奇縁《ぴょうきえん》』は大ヒットとなり、読本作者としての活動を本格化させると、文化4年（1807）には葛飾北斎とのコンビで『椿説弓張月《ちんせつゆみはりづき》』前編を刊行、その翌年には『三七全伝南《さんしちでんぜんなん》柯夢《かのゆめ》』『俊寛僧都嶋物語《しゅんかんそうずしまものがたり》』『頼豪阿闍梨恠鼠伝《らいごうあじゃりかいそでん》』などを立て続けに発表し、かつての師である京伝をしのぐ人気作家となっていった。

馬琴の代表作といえば、48歳から28年の歳月をかけて書いた『南総里見八犬伝』である。しかし、馬琴は65歳ころから徐々に目が見えなくなり、やがて失明する。それでも馬琴は創作を続け、長男の妻・お路《みち》の手を借りて『南総里見八犬伝』を完成させた。

ちなみに、馬琴は履物商を卑しい職業と考えていたようで、義母の死をきっかけに廃業。商売替えを繰り返すが、経済的な安定は続かなかった。そこで息子の宗伯《そうはく》を医者にして安定収入を確保しようとしたが、これもたいした足しにはならず、結局、一家のほとんどの収入は馬琴の原稿料で賄われていくことになる。そのため、馬琴は日本で初めて原稿料だけで生活をした小説家ともいわれている。

失明したのちも、馬琴はお路を筆記者として執筆を続けたが『開巻驚奇侠客伝《かいかんきょうききょうかくでん》』『近世《きんせ》説美少年録《せつびしょうねんろく》』などの大作が未完のうちに、嘉永《かえい》元年（1848）に82歳で死去した。

変わり者の伝説

馬琴の人生を振り返ってみると、京伝と蔦重の後押しがあってこそ、人気作家としての人生を歩めたことは明らかである。しかし、そうした人を引きつける魅力があった一方で、馬琴はかなりの変わり者だったようだ。

まず、京伝に対しては弟子入りを志願した立場であったにもかかわらず、上下関係ではなく対等な立場であったと主張し続けていた。これは、馬琴が異常な負けず嫌いであったことが原因のようだ。また、蔦重の店で世話になっていた時もほとんど仕事をせず、周囲の人間ともコミュニケーションを取ろうとしないため孤立していたという。馬琴が「仕

曲亭馬琴の代表作『南総里見八犬伝 第一輯巻一』（国立国会図書館蔵）より伏姫と愛犬・八房の挿絵。

事をしない」ことは蔦重も了解済みだったようなのだが、仕事もせずにただただ孤立している人間がいては、周囲の人も扱いに困ったことだろう。

他にも、馬琴が変わり者であったとの伝説は数多く残っている。

まず、病的に几帳面《きちょうめん》であった。日常の生活は規則正しく、起きてから寝るまで同じ時間に同じことをするというルーティンを繰り返していた。そして日記には日々の出来事を細かく書き込み、天候の変化なども逐一記入していた。

馬琴はもめごとがとにかく嫌いだったようで、何か問題が起きた際にこの日記を役立てようとしていたらしい。

また、コミュニケーションが苦手であったことから、当然ながら交友範囲も異常に狭かった。さらに面倒臭がりなうえ用心深い性格で、人と会うことを極端に嫌い、そもそも外出することを嫌がった。家に他人が来ることも好まず、来客があっても仮病を使って対応しなかったという。しかも、馬琴の妻・お百は口を開けば愚痴ばかりで、癇癪《かんしゃく》持ちのうえ気分屋で、おまけに息子の宗伯も病気がちで、人との交流を好まなかったらしい。

こうした面倒な一家だったためか、馬琴の家は下女の出入りが激しく、ある年には7人も入れ替わったという。

平賀源内《ひらがげんない》（1728〜1779）

遊学を経て家督を放棄、江戸へ

『吉原細見』で本格的に出版業に乗り出そうとしていた若き日の蔦重が、自らが手掛ける新たな「細見」に箔を付けるため、序文を依頼したのが、当時、多方面で活躍する才人として江戸でも有名だった「日本のレオナルド・ダ・ヴィンチ」こと平賀源内である。

享保13年（1728）、源内は讃岐《さぬき》の志度浦《しどうら》（現・香川県さぬき市）で、高松藩の下級武士・白石茂左衛門《しらいしもざえもん》の子として生まれた。身分は低かったが、先祖には『太平記』に登場する南朝の忠臣・平賀三郎国綱《ひらがさぶろうくにつな》がいたとされる。源内はこのことが誇りであったようで、幼いころから『太平記』を熱心に読んでいたという。

幼少期よりその才を見込まれていた源内は、13歳にして藩医のもとで本草学《ほんぞうがく》（薬学）や儒学を学びはじめる。やがて寛延《かんえん》元年（1748）に父が死ぬと、その跡を継いで藩

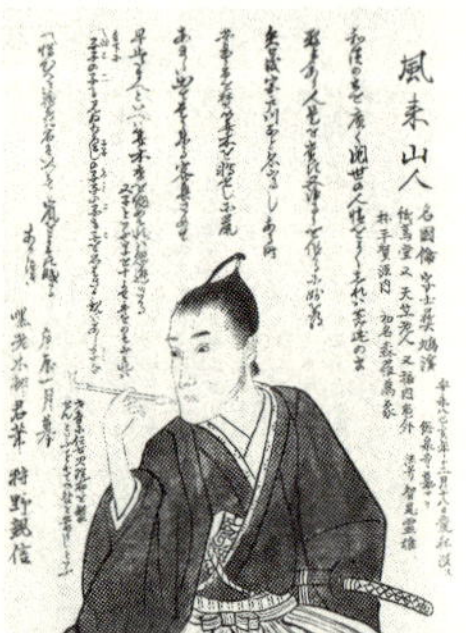

『肖像 1之巻』（国立国会図書館蔵）より風来山人（平賀源内の筆名）。

の蔵番となった。このころに源内は、先祖にちなんで平賀と名乗るようになる。

宝暦2年（1752）、好奇心旺盛だった源内は海外の知識を学ぶため長崎に遊学。長崎でオランダ語や医学、油絵など様々な西洋の知識を学んだ源内は、遊学から戻ってしばらくすると、妹婿に家督を譲って国元を離れる。

大坂や京都で学を深めた源内は、宝暦6年（1756）、江戸に出て本草学者・田村《たむら》藍水《らんすい》に入門。翌年には藍水とともに薬酒や産物の物産会を開き、以後も5回にわたって物産会を開催した。

なお、源内は宝暦9年（1759）に再び高松藩の家臣となるが、2年後に江戸に戻るため辞職している。これが原因で奉公構《ほうこうかまい》（他家への奉公を禁じられる処罰）となり、幕府を含む武家への仕官が不可能になったという。

宝暦13年（1763）、源内は物産会の出品物を分類・解説した『物類品隲《ぶつるいひんしつ》』を出版し、新進の本草学者、物産学者としての評価を高めた。

このころに前後して、源内は学者として田沼意次に目を掛けられるようになって、何かと世話を受けていらしい。明和7年（1770）には意次の口利きで再び長崎を訪れているが、目的であった蘭書の翻訳はうまくいかなかった。

源内といえば他にも、エレキテルや寒暖計、火浣布《かかんぷ》（石綿で作った燃えない布）などの復原・製造や鉱山発掘などの幅広い業績で知られる。しかし、実際のところ源内は「器用貧乏」を地で行くような人物だったらしく、生活に窮して様々な事業に手を出すものの大きな利益を生み出すことはなく、晩年には自らの境遇を自嘲して「貧《ひん》家銭内《かぜにない》」と称していた。

戯作者、浄瑠璃作者としても活躍

多才だった源内の活動は文芸にも及んでいる。戯作者としては風来《ふうらい》山人や天竺《てんじく》浪人、浄瑠璃作者としては福内《ふくうち》鬼外《きがい》などと名乗り多くの作品を手掛けていた。

源内は風刺を利かせたとんでもない作品も残している。たとえば、「天に日月あれば人に両眼あり。地に松蕈《まつたけ》あれば跨《また》に彼《か》の物あり。其の父を屁といひ、母を於奈良《おなら》

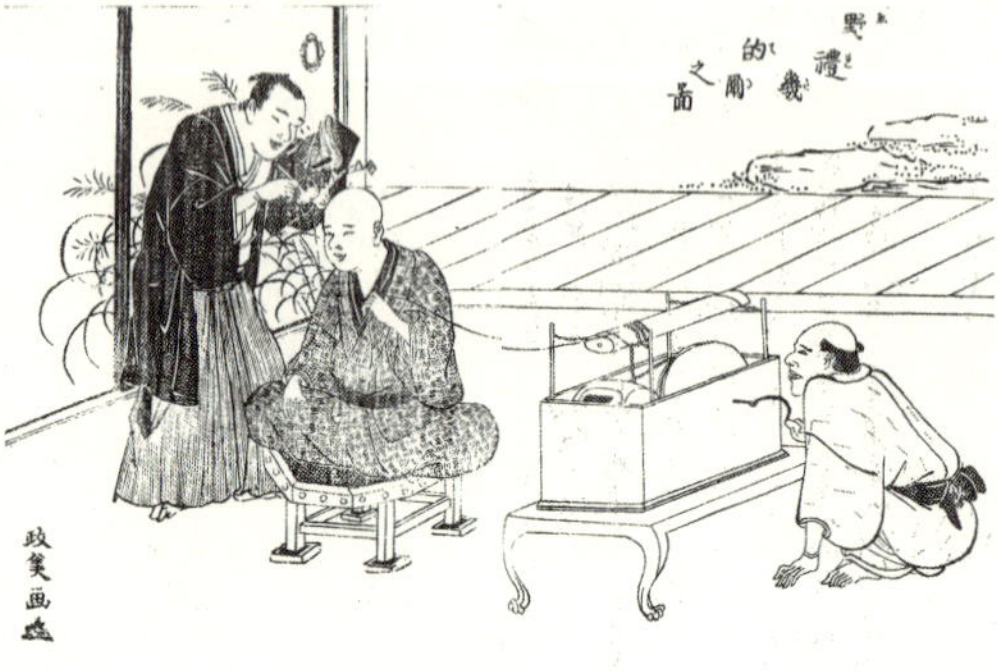

森島中良編『紅毛雑話』（国立国会図書館蔵）より「野禮幾的爾《えれきてる》之圖」。

といふ。「鳴るは陽にして臭きは陰なり」という奇天烈な文章で始まる『痿陰隠逸伝』という戯作は、織田信長や豊臣秀吉などの名前も登場する権力を擬人化したポルノ小説のようなものだった。さらに浄瑠璃作品の『長枕褥合戦《ながまくらしとねかっせん》』は、頼朝亡きあとの鎌倉時代を舞台に、天下取りのために北条政子を娶ろうとする男たちが男根競べをするという奇抜というか、かなりどうかしている内容である。

また、源内の代表作の一つとされる戯作のタイトルは『放屁論《ほうひろん》』という。よほど下ネタが好きだったのであろう。なお、源内は生涯未婚を通しており、同性愛者だったともいわれている。

一方で、源内は西洋画にも強い関心を持っていた。長崎遊学の際に油絵や銅版画を学ぶ機会があったらしく、秋田藩に招かれて領内鉱山の再開発に従事していた際には、藩士の小田野直武《おだのなおたけ》や藩主・佐竹曙山《さたけしょざん》らに蘭画の技法を伝授して、のちに誕生する秋田蘭画に大きな影響を与えた。

乱心と殺人、謎の獄中死

源内の最期は獄死であった。その経緯については、以下のような話が伝わっている。

ある大名の別荘をととのえるため、関係する役人が大工の棟梁に見積もりを取らせた。さっそくこの棟梁は見積もりを出すが、その金額は役人の予想よりも高額であった。そこで役人は源内にも相談したところ、源内は棟梁が提出した見積もりの10分の2程度で請け負えると説明したという。

役人はこの提案を喜び源内に工事を任せようとするが、最初に見積りの依頼を受けた棟梁が怒り出してトラブルに発展してしまう。そこに仲介するものが現れ、結局は棟梁と源内が共同で工事を担うということで話がまとまったという。

仲直りしたところで宴が開かれた。そこで棟梁は源内に「なぜ、そんなに格安で工事が可能なのか」と問うた。すると源内は計画書と見積書を見せ、工事の予定を説明。そのどれも非の打ち所がないもの

平賀国倫《くにとも》編『物類品隲』(国立国会図書館蔵)より「蔗《しょ》(=さとうきび)ヲ軋《きしり》テ漿ヲ取ル図」。左端に「鳩渓(源内の号)山人自画」とある。国倫は源内の諱《いみな》。

であったため、役人も棟梁も感心したという。

宴もたけなわとなったころ、酔った源内と棟梁は寝入ってしまう。しかし源内が目覚めると先ほどの書類がない。不審に思った源内は「こいつが盗んだに違いない」と棟梁を問い詰めたが白状しないので、激高した源内は棟梁を斬りつけて殺してしまう。しかし、我に返った源内が室内にあった自分の箱の中を見ると、なくなったはずの書類がしまわれていた。結局、源内は棟梁を勘違いで殺してしまったのだ。その後、自首した源内は牢獄に囚われ、獄中で亡くなったという。

ちなみに、大工とのトラブル以外にも、出入り禁止の部屋へ入った弟子を殺したとする説や、田沼意次からの密書を盗み見た弟子を殺したとする説もある。

さらには、源内は獄中では死んでおらず、意次に助けられ遠州相良《えんしゅうさがら》(現・静岡県牧之原市)に隠れ住んだ、あるいは高松藩の庇護のもと天寿を全うしたとの伝承もあるほか、大坂で屑屋をやっているところを目撃されたとの話もある。

いずれも信憑《しんぴょう》性に欠ける話ではあるが、こうした様々な噂がささやかれたこと自体、現代においてダ・ヴィンチにも擬せられる奇才・源内が、当時の人たちにとっても相当にミステリアスな存在であったことの証であろう。

細川頼直《ほそかわよりなお》（?～1796）

細川頼直は土佐藩の郷士の出身で、通称は半蔵《はんぞう》という。天文学と暦学を片岡直次郎《かたおかなおじろう》に学び、寛政の初めに江戸に出て、関流の和算家・藤田貞資《ふじたさだすけ》に算学を学んだ。

寛政7年（1795）、幕府は改暦のため諸国から人材を募り、頼直は幕府天文方手伝に選ばれて、幕府天文方の山路徳風《やまじよしつぐ》らを助けた。

頼直は機械の発明や製作に優れ、「からくり半蔵」とも称された。寛政8年（1796）には、和時計や茶運び人形などのからくりを解説した『機巧図彙《きこうずい》』を江戸で出版。からくりの技術は本来秘伝とされ、門外不出のものであったと思われるが、頼直はその仕組みを精確な図法とともに公開した。同書は日本で初めての機械工学書とも言われている。しかし同年、頼直は寛政暦の完成を見ることなく没する。病没と思われるが、秘伝を公開したため死罪となった、才能を妬まれ毒殺されたとの説もある。

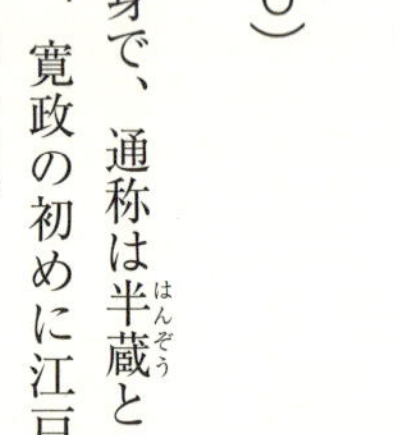

細川頼直著、須原屋市兵衛出版『機巧図彙』（国立国会図書館蔵）より茶運び人形の絵図。

浮田幸吉《うきたこうきち》（1757〜1847）

浮田幸吉は、日本で初めて空を飛んだ人物とされている。

宝暦7年（1757）、幸吉は備前国児島郡八浜《びぜんのくにこじまはちはま》（現・岡山県玉野《たまの》市）に生まれた。7歳で父を亡くすと、岡山の紙屋に奉公に出て表具《ひょうぐ》を習う。表具とは裂地《きれじ》や紙を張り合わせて掛軸や屏風、襖などを作る技術だが、幸吉はいつしか、その技術を用いて空を飛べると考えるようになったようだ。天明5年（1785）の夏、幸吉は自身で製作した翼を身につけ、橋の欄干から離陸して30〜50メートルほど飛んだという。しかしこれが大騒動となり、幸吉は岡山藩から追放処分を受け駿河に移り住んだ。晩年は定かではないが、入れ歯師として成功したとも伝わる。

なお、同じ時期に常陸国谷田部《ひたちのくにやたべ》藩（現・茨城県つくば市）の名主であった飯塚伊賀七《いいづかいがしち》（1762〜1836）も人力飛行を試みたという。伊賀七は「飛行願い」を藩に提出するが、「お殿様の上を飛ぶとは何事か」との理由で受理はされなかった。伊賀七は、幸吉の噂を聞いたことで刺激を受けたらしい。

十返舎一九《じっぺんしゃいっく》（1765〜1831）

夢を追い続けた前半生

弥次《やじ》さん、喜多《きた》さんが旅をする滑稽本『東海道中膝栗毛《とうかいどうちゅうひざくりげ》』の著者として知られる十返舎一九は、非常に多作の作家であり、その数は1000点以上にのぼると見られている。そんな多作家、一九の作家人生にも、蔦重は関わっている。

一九の本名は重田貞一《しげたさだかず》、幼名を市九《いちく》という。駿府の町奉行の同心の子として生まれた。若き日のことはあまりわかっていないが、一時期江戸に出て武家奉公したのち、上司が大坂勤務になったためそれに同行したようだ。

一九は大坂で、下級役人を続けていても面白いことは起きないと考えたのか、ほどなくして武家奉公を辞めてしまう。職を辞した一九は材木屋に婿入りするが、結婚生活はうまくいかなかったらしく、ほどなく離縁している。

『肖像 2之巻』（国立国会図書館蔵）より十返舎一九。

その後、一九は香道の師を志したが断念（なお、のちの戯作名である「十返舎」は、香道の黄熟香《おうじゅくこう》の「十返し」にちなむ）。続いて浄瑠璃作者を目指し、義太夫語りの家に居候していた。寛政元年（1789）には浄瑠璃『木下蔭狭間合戦《このしたかげはざまかっせん》』に近松与七《ちかまつよしち》の名で合作者として加わっている。

なお、一九は大坂で10年ほどすごしており、このころに絵も学んだようだ。師匠が誰かは不明だが、一九の絵については大坂の絵師・耳鳥斎《にちょうさい》の影響が指摘されている。

寛政5年（1793）ころ、一九は再び江戸へ向かう。

江戸に出てからほどなく、一九は蔦重と出会ったようだ。寛政6年（1794）には山東京伝作の滑稽本『初役金烏帽子魚《はつやくこがねのえぼしうお》』の挿絵を描いている。このころに一九は耕書堂に居候して店の仕事を手伝うようになる。そして翌寛政7年（1795）、一九は自ら戯作と挿絵を手掛けた『心学時計草《しんがくとけいぐさ》』ほか黄表紙3点を蔦重のプロデュースのもと刊行する。この時、すでに31歳であった。しかし、蔦重も期待した一九の才能は、なかなか開花しなかったようだ。その後も一九は次々と黄表紙や洒落本を発表し続けるが、その文名はなかなか上がらなかった。

なお、このころ一九は狂歌を千秋庵三陀羅《せんしゅうあんさんだら》法師に学び、蔦重没後の寛政12年（180

０）には絵入り狂歌集『夷曲東日記《いきょくあずまにっき》』を刊行している。

また、一九は寛政8年（１７９６）に長谷川町《はせがわちょう》（現・中央区日本橋堀留町《ほりどめちょう》）の後家の家に入り婿となっているが、その後、吉原通いに熱中しすぎて享和元年（１８０１）ころに離縁されている。

「東海道中膝栗毛」が大ヒット

享和2年（１８０２）、『東海道中膝栗毛』の初編が出版された。一九が38歳の時である。

しかし、初編は『浮世道中膝栗毛　完』というタイトルで、〝完〟と銘打たれていながら、物語は箱根《はこね》の関所を越えたあたりで終わっている。

ご存じのように本作はお伊勢参りをテーマとしているのに、このタイトルがつけられたということは、続編を出せるほどのヒット作にはならないと思われていたのだろう。

十返舎一九作・画、蔦屋重三郎出版『万物小遣帳《ばんもつこづかいちょう》』（国立国会図書館蔵）の挿絵。割れ鍋や釜などの台所道具たちが起こす騒動を描く。

しかし結果として、この初編の評判は良かった。そこで翌享和3年（1803）には箱根から岡部《おかべ》までの続編が刊行され、以後、毎年続編を発表できるまでに人気は続いていった。

文化6年（1809）に物語は完結をするが、読者は続編の刊行を望んだ。そして、弥次さん、喜多さんが金比羅《こんぴら》、宮島《みやじま》、木曽路《きそじ》などへ旅を続ける「続膝栗毛」シリーズが刊行され、さらには弥次さん、喜多さんの旅に出る前の人生が知りたいとの要望に応えて文化11年（1814）には『東海道中膝栗毛 発端』が出版されている。

当時の本は1000部でベストセラーといわれていた中で、「東海道中膝栗毛」は発売されるたびに約1万部を売り、それが21年も続いた。そのうえ、「膝栗毛」は江戸のみならず、全国にファンを獲得していた。

大人気作家となったため「膝栗毛」だけで生活は十分まかなえたと思われるが、一九はこの時期に並行して読本、人情本、咄本《はなしぼん》、滑稽本など様々なジャンルの作品を手掛けていた。さらには「膝栗毛」シリーズと似た趣向の道中記『江之島土産』『方言修行金草鞋《むだしゅぎょうかねのわらじ》』などの作品も多くの読者を獲得していた。

それだけではない。文化年間（1804～1818）には、自身の得意ジャンルとは

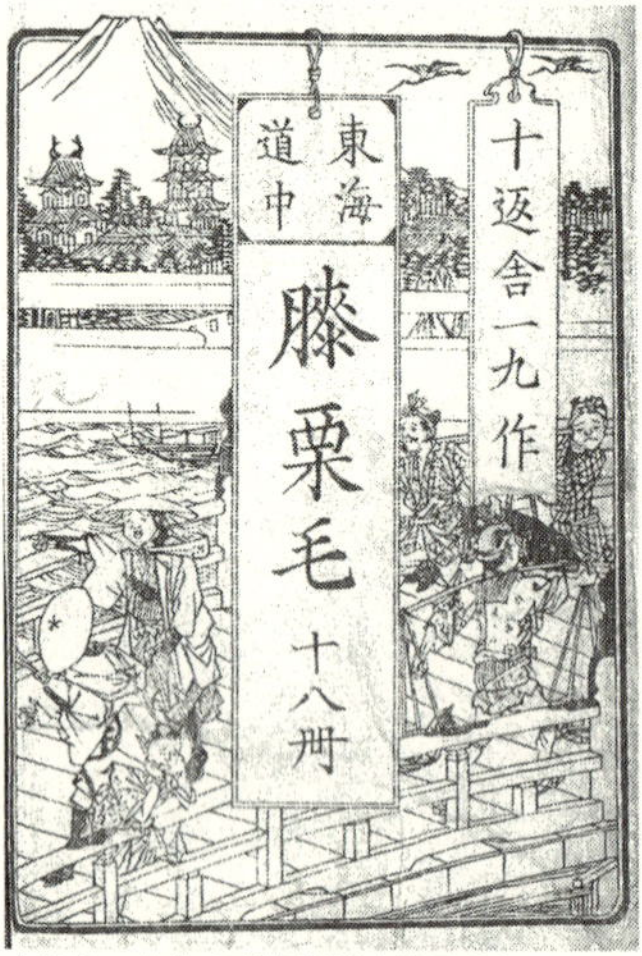

十返舎一九作・画『東海道中膝栗毛』（国立国会図書館蔵）の扉絵。

関係のない寺子屋用の往来物（初等教科書）を60種以上も作っている。

一九は執筆も挿絵も自分で行うことが多いため費用が安く済み、それが板元にとって好都合だったことから、ますます多作になっていったようだ。

なお、一九は曲亭馬琴とともに、執筆料だけで生計を立てた最初の職業作家ともいわれている。

最期の大仕掛け

同時代を生きた曲亭馬琴は、十返舎一九について「いつも仏頂面」「人付き合いが悪い」と記している。

馬琴は同時代の文化人に対して批判的な言葉を残していることが多く、真に受けてよいかは判断に迷うところである。しかし、いくら笑いにあふれた滑稽本を書いた一九だからといって、私生活も愉快な人物であったとは限らない。当然、後世の我々には一九の本来の人間性はわからないが、最期の大仕掛けで人々を驚かせたというエピソードが残っている。

一九は天保2年(1831)に67歳で亡くなった。辞世の歌は「此の世をばどりやお暇に線香の 煙と共にはい(灰)左様なら」と伝わる。

一句は遺言として、自分が死んだらすぐ火葬することを約束させていた。さらには門人に小包を渡して、「私のもっとも大切なものが入っているから、遺骸の側に置いて一緒に燃やしてほしい」と頼んだという。

葬儀後に門人たちは、約束どおり遺骸の横に小包を置いて火葬をした。すると小包が爆発して火柱があがり、無数の火の玉が飛び出してきた。小包の中に入っていたのは花火だったのだ。

この話はのちの創作ともいわれるが、世の人々を抱腹絶倒させた滑稽本の作者らしい痛快なエピソードである。

なお、「膝栗毛」は21年の歳月をかけて完結したのち、さらに日光東照宮へ向かう「続々膝栗毛」も書かれたが、こちらは作者の死去により未完に終わった。

大田南畝《おおたなんぽ》（1749〜1823）

仕官と文筆業の二足の草鞋《わらじ》

多くの芸術家が時代を彩った蔦重の時代。当時の江戸文化の立役者となったのは町人ばかりではなく、実は武士階級の者も多かった。狂歌師、戯作者として活躍した「四方赤良《よものあから》」こと大田南畝も、その一人である。

寛延2年（1749）、南畝は幕府に仕える下級武士・大田正智《おおたまさとも》の長男として、牛込中御徒町《うしごめなかおかちまち》（現・新宿区中町《なかまち》）に生まれた。南畝は幼少期から知識欲が旺盛で、圧倒的な記憶力を持っていたため、周囲から神童と目されていたという。南畝自身も家が貧しかったため、なんとか学問で身を起こしたいと考えていたようだ。

15歳のころ、南畝は「江戸六歌仙」の一人である内山賀邸《うちやまがてい》に入門し和歌を学んだ。賀邸の弟子の中には唐衣橘洲《からころもきっしゅう》がおり、その影響を受けて、南畝は狂歌会に参加するよう

『肖像 2之巻』（国立国会図書館蔵）より大田南畝。

になる。この狂歌会こそが、のちに「天明狂歌」と称される狂歌ブームを起こすきっかけとなる集まりであった。また、南畝はこのころから、狂名として「四方赤良」を号するようになる。

明和4年(1767)、南畝の最初の狂詩狂文集『寝惚先生文集《ねぼけせんせいぶんしゅう》』が、地本問屋の須原《すはら》屋市兵衛《やいちべえ》が営む申椒堂《しんしょうどう》から刊行される。同書は江戸で狂歌流行のきっかけをつくったとされるもので、序文はかねてより交流のあった平賀源内が担当している。源内は南畝の才能をかなり高く評価していたらしい。

17歳で家督を相続した南畝は、幕臣としての仕事と並行しながら文芸活動に勤しむようになる。

安永4年(1775)、南畝は『甲駅新話《こうえきしんわ》』を刊行。これは内藤新宿の遊里を描いたもので、友人たちと実際に訪れて取材したことが元ネタになっているという。このころから南畝は、洒落本作者としても活躍するようになる。

安永8年(1779)には、5夜通しての月見の宴を催す。月を眺めては酒を飲み、狂歌を詠もうと、南畝のもとには武士から町人まで身分を問わず、江戸狂歌界の中心人物たちが集結した。こうした活動を経て、南畝は当時の文芸界の中心人物となっていく。

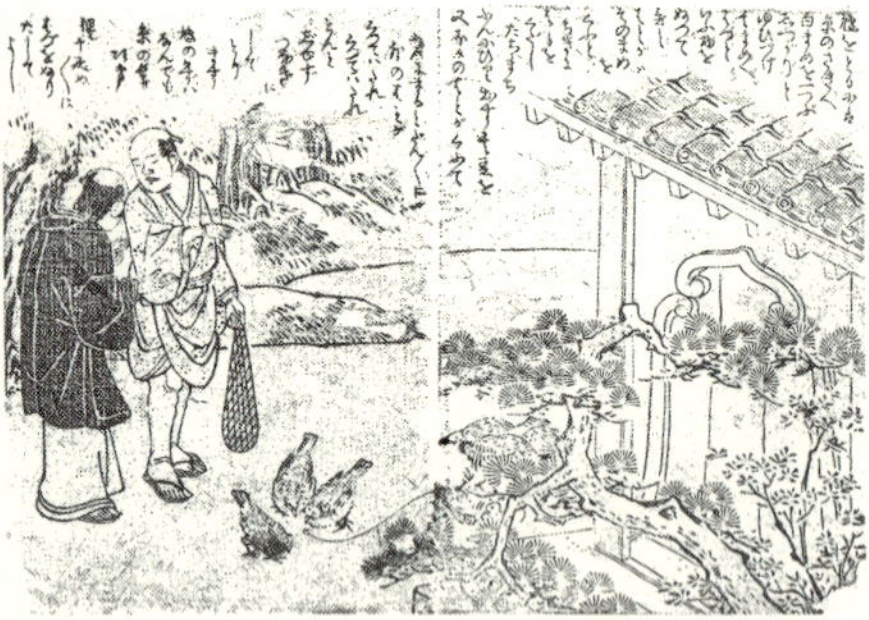

四方屋本太郎（大田南畝）作・鳥居清経画、蔦屋重三郎出版の黄表紙『虚言八百《うそはっぴゃく》万八伝《まんぱちでん》』（国立国会図書館蔵）より。白豆に巴豆《はず》（下剤の一種）を塗って鳩を数珠つなぎに捕まえる方法を説明する場面。

当時、南畝の父の還暦祝いにある俳人が南畝のもとを訪れ、「高き名のひびきは四方《よも》にわき出て　赤ら赤らと子供まで知る」との狂歌を詠んだという。これは「南畝の狂歌は江戸の子どもでも知っている」という意味で、南畝が当時、いかに人気だったかがわかる。

天明元年（1781）に『菊寿草《きくじゅそう》』、翌年には『岡目八目《おかめはちもく》』と、南畝は当時新たなジャンルとして人気を集めていた黄表紙の作品批評を試み、これをきっかけに蔦重と知り合うことになる。蔦重は作家たちと連れだって吉原へ繰り出すことがあったが、そのメンバーの中にはよく、南畝の姿があったという。

晩年により高まった名声

多くの才能に恵まれた南畝は、狂歌や狂詩、洒落本、黄表紙、滑稽本、随筆など幅広いジャンルで活躍し、75

歳まで生きた。しかし、出版界で活躍した期間は、わずか20年ほどであった。

田沼時代が終わり、風紀の乱れを厳しく取り締まる寛政の改革がはじまると、南畝は創作活動から離れて幕臣としての仕事を優先するようになる。

寛政4年(1792)、46歳の時には幕府の登用試験を受けて首席で合格。寛政8年(1796)には支配勘定に昇進した。

享和元年(1801)、南畝が大坂銅座に出役すると、南畝の名声を知る人たちから狂歌を望まれ、「蜀山人《しょくさんじん》(銅の異称「蜀山居士」にちなむ)」の歌号で狂歌を詠んだという。以後、江戸の狂歌界とは一定の距離を保ちつつ、狂歌を再開した。

晩年には、南畝の江戸文人としての名声はむしろ高まり、文政3年(1820)には青年時からの詩が『杏園詩集《きょうえん》』として出版された。また、随筆の分野でも多くの作品を残し、その後の江戸随筆に大きな影響を与えた。

文政6年(1823)4月、75歳で死去。小石川《こいしかわ》の本念寺《ほんねんじ》(文京区白山)には、今も南畝の墓がある。

時世の歌は「今までは人のことだと思ふたに　俺が死ぬとはこいつはたまらん」と伝わる。

朱楽菅江《あけらかんこう》（1740〜1798）

江戸の狂歌界を牽引

蔦重は、「狂歌」という文芸ジャンルに自ら身を投じてネットワークをつくることで、多くの芸術家たちと交流を持っていた。当時、江戸の狂歌界を牽引して「狂歌三大家」と称されていたのが、唐衣橘洲、大田南畝、そして朱楽菅江である。

菅江は御先手与力《おさきてよりき》・山崎幸左衛門《やまさきこうざえもん》の次男として生まれた。菅江も本職は御先手与力で、本名を山崎景基《やまさきかげもと》（のちに景貫《かげつら》に改名）といった。

幕臣で狂歌師でもあった内山賀邸に和歌を学んだ菅江は、35歳のころに江戸の狂歌界に加わった。

菅江は同じく賀邸の弟子であった大田南畝と親交があり、当初は狂歌仲間という程度であったようだが、やがて南畝の影響を受け、安永6年（1777）、

宿屋飯盛編・北尾政演画、蔦屋重三郎出版『古今狂歌袋』（国立国会図書館蔵）より朱楽菅江。

38歳の時に洒落本『売花新駅《ばいかしんえき》』を刊行する。さらに2年後には『雑文穿袋《ざつもんせんてい》』『大抵御覧《たいていごらん》』を世に出し文名をあげた。また、南畝とはともに狂歌会を主催するようになり、南畝が金銭的に困窮した際には仲間に援助を呼びかけている。

すでに当時の狂歌界や出版界で活躍していた南畝との交流があったことで、やがて菅江も文人として、その名が知られるようになっていく。

天明期に入ると江戸で狂歌が大ブームとなり、菅江の活動も狂歌が中心になっていく。妻のちかも「節松嫁々《ふしまつのかか》」の狂名を持つ狂歌師であったことから、朱楽夫妻をリーダーとして「朱楽連」が結成された。

菅江は、狂歌本を刊行していた蔦重とも親交を深め、当時、多くの文人が顔を出していた耕書堂にも度々訪れ、狂歌本の編集なども行った。また、蔦重、南畝らとともに吉原の妓楼の主人に招かれて遊ぶこともあった。

南畝が寛政の改革による風紀取り締まりによって文筆活動から遠ざかったのに対して、菅江は不忍池《しのばずのいけ》のほとりに隠居したあとも、積極的に創作活動を続けた。

寛政11年(1799)、59歳で亡くなった菅江は、当時、青山にあった青原寺《せいげんじ》(現在は中野区上高田《かみたかだ》に移転)に葬られた。

唐衣橘洲《からごろもきっしゅう》（1743〜1802）

大田南畝とのライバル関係

蔦重の時代に、狂歌界で大田南畝と並び称されたのが唐衣橘洲である。本名は小島源之助《こじまげんのすけ》といい、江戸四谷に住む幕臣だった。当時、多くの幕臣が狂歌に熱中したが、中でも特に早くから狂歌に目をつけたのが橘洲であった。また、橘洲は江戸で初めて狂歌の会をはじめた人物ともいわれている。橘洲と南畝は狂歌仲間として切磋琢磨《せっさたくま》する関係だったが、やがて二人はライバルとなり、仲違いをすることになる。

そもそも橘洲と南畝は、狂歌に対するスタンスが異なっていた。どちらかといえば上品な作風であった橘洲に対して、南畝は江戸っ子丸出しのスタイル。また、橘洲は、南畝が江戸の名士たちと交際をするのを下品に感じていたようだ。

そして、狂歌集の出版をめぐり、二人の亀裂は決定的になる。

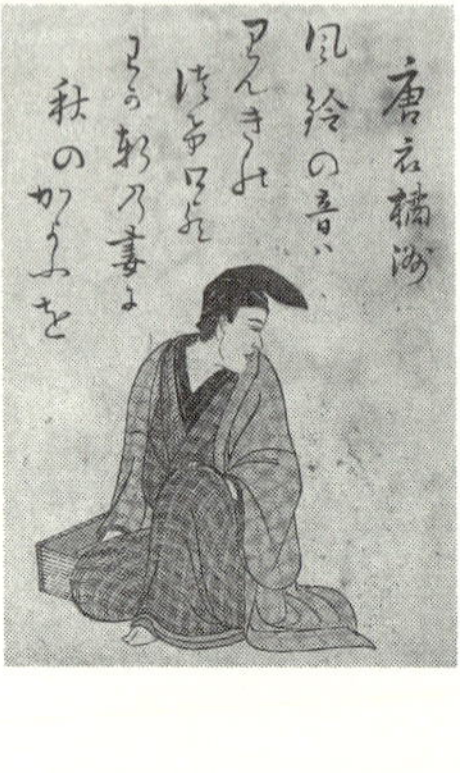

宿屋飯盛編・北尾政演画、蔦屋重三郎出版『古今狂歌袋』（国立国会図書館蔵）より唐衣橘洲。

もともと狂歌は詠んだら残すことはなく、その場で捨てることがルールとされていた。橘洲も南畝も当初はこのルールを守り、狂歌集を出すことに積極的ではなかった。南畝は何度も板元から狂歌集刊行の依頼を受けていたようだが、常に「忙しいから」と断っていたという。

しかし天明3年(1783)に、橘洲はこのルールを破って『狂歌若葉集』の編集を進め、出版する。しかも、この狂歌集で南畝の狂歌は軽視されていた。

『狂歌若葉集』の編集は秘密裏に進められていたが、南畝はこれを察知したのか、橘洲に対抗するかのように、同年に朱楽菅江とともに編集した『万載《まんざい》狂歌集』を刊行。その結果、『万載狂歌集』が話題を集めた一方で、『狂歌若葉集』は不評に終わり、橘洲は苦汁をなめることになる。

ライバル関係の二人は、その後のスタンスも異なっていた。

寛政の改革ののち南畝は狂歌界を去るが、橘洲はその後も狂歌界の長老的な存在として、晩年まで精力的に活動を続けた。なお、橘洲の代表作の一つである狂歌の入門書『狂歌初心抄』は、寛政2年(1790)に耕書堂から刊行されている。

享和2年(1802)7月、橘洲は小石川御箪笥町《おたんすちょう》(現・文京区小日向《こひなた》)で没した。

鶴屋南北《つるやなんぼく》（1755〜1829）

宝暦5年（1755）、4代目鶴屋南北は、江戸日本橋の染物屋職人・海老屋伊三郎の子として生まれた。子役として初舞台を踏んだのち、22歳で狂言作者の見習いとなったものの、なかなか目が出なかった。狂言方という雑務にあたる仕事が長く、貧困に苦しむ生活を送っていたらしい。

南北が最初に世間の注目を浴びたのは、50歳となった文化元年（1804）に初代尾上松助《おのえまつすけ》と組んで上演した『天竺《てんじく》徳《とく》兵衛《べえ》韓噺《いこくばなし》』だった。

舞台上に飾られた屋体を観客の目の前で崩壊させる屋体崩しや、一人の役者が複数の役を短時間で演じ分ける早替りなどの「ケレン」と呼ばれる舞台演出が大

歌川国貞画『隠亡堀の場 東海道四谷怪談』（国際日本文化研究センター蔵）。舞台の見せ場の一つである「戸板返し」の場面。

評判となったのだ。この舞台は異例のロングラン公演となり、南北は売れっ子作家の仲間入りを果たす。

文化8年（1811）に4世南北を襲名。以降、25年間に5代目松本幸四郎、5代目岩井半四郎、3代目尾上菊五郎、7代目市川團十郎といった名優たちと組んで120編の作品を書いたという。

南北の歌舞伎作者としての人気と名声は高まっていった。

なお、南北の作品として今も広く知られているのが『東海道四谷怪談』だ。

これは南北が71歳の時の作品で、江戸・四谷左門町の「お岩稲荷」に伝わる噂話を脚色して作られたもので、怪談狂言の代名詞とも言える作品である。

ちなみに、南北は自身が亡くなることを見計らって、『寂光《しでの》門松《かどまつ》後《ご》万歳《まんざい》』という自らの葬式の台本も書き残していた。この台本では、祭壇の配置が決められ、読経するタイミングも指定されていた。そして、棺桶《かんおけ》から南北の死体がよみがえり〝万歳〟となる、という具体的なだけにおかしみが増す台本である。

文政12年（1829）、南北は75歳で没する。今日では、南北は19世紀を代表する世界的な作家の一人に数えられている。

石川雅望《いしかわまさもち》（1754〜1830）

正統な「天明狂歌」の継承者

江戸の狂歌界の中心人物として活躍しながら、寛政の改革の影響で文筆活動から遠ざかった大田南畝。その南畝の後継者が、狂名「宿屋飯盛《やどやのめしもり》」こと石川雅望である。

石川雅望という名は国学者としてのもので、通称は糠屋七兵衛《ぬかやしちべえ》、のちに石川五郎兵衛《ごろべえ》とも名乗った。

雅望は江戸小伝馬町（現・中央区小伝馬町）で旅籠《はたご》を営み、浮世絵師としても知られた石川豊信《とよのぶ》の五男として生まれた。

若き日の雅望は、国学者・随筆家として知られる津村淙庵《つむらそうあん》に和学を、江戸で私塾を開いていた熊本出身の儒者・古屋昔陽《ふるやせきよう》に漢学を学び、のちに南畝に入門した。

宿屋飯盛編・北尾政演画、蔦屋重三郎出版『古今狂歌袋』（国立国会図書館蔵）より宿屋飯盛（石川雅望の狂歌名）。

雅望は、入門後すぐに人気狂歌師となり、のちの天明末期から化政期（1804～1830）にかけては、鹿都部真顔《しかつべのまがお》、銭屋金埒《ぜにやのきんらち》、頭光《つぶりのひかる》とともに「狂歌四天王」の一人に数えられた。

天明6年（1786）、蔦重のプロデュースのもと雅望が宿屋飯盛名義で撰者を務め、画工に北尾政演《まさのぶ》（山東京伝）を迎えた狂歌本『吾妻曲《あづまぶり》狂歌文庫』が刊行され、ベストセラーとなる。その後も雅望は、『古今狂歌袋』『画本虫撰』など、蔦重が手掛けた数多くの狂歌本の撰者を務め、黄表紙の執筆も行った。。

こうして順調にキャリアを積み重ねていった雅望だが、思わぬ落とし穴が待っていた。寛政3年（1791）、家業に関するえん罪で江戸払いに処されたのである。内藤新宿（現・新宿区新宿）に居を移した雅望は、その後、しばらく狂歌界から身を引き、望まぬ隠遁《いんとん》生活を送ることとなった。

時間をもてあました雅望は、和学、とりわけ古典の研究を行った。特に『源氏物語』の研究に力を注ぎ、その成果として注釈書『源註余滴《げんちゅうよてき》』を執筆。また、この時期には和歌の用語や語源を記した書物を書写するなどして過ごし、古語用例集『雅言集覧《がげんしゅうらん》』も物している。

六樹園（石川雅望）作・酔放逸人（北尾重政）画、蔦屋重三郎出版『敵討記乎汝《かたきうちおぼえたかうぬ》』（国立国会図書館蔵）より。当時流行していた敵討物を風刺した作品。

そして文化5年（1808）ころ、雅望は狂歌界に復帰して創作活動を再開。文化9年（1812）にはようやく赦免となった。

狂歌師・鹿都部真顔《しかつべのまがお》との対立

蔦重の時代に隆盛を極めた「天明狂歌」には、いくつかの特色があった。まず、軽妙洒脱《しゃだつ》であることが基本で、滑稽味も求められた。また、身分や男女に関係なく、誰もが楽しめる内容が好まれた。

雅望はこれらの特色を、自らの狂歌にも忠実に反映させていたが、雅望のライバルであった狂歌師・戯作者の鹿都部真顔は、別の考えを持っていた。

真顔は、「天明狂歌はあまりにも無軌道で、勢いだけのもので間違っている。狂歌は和歌に近づけるような努力をしていく必要がある」と主張したのだ。真顔は、滑稽な狂歌ばかりがもてはやされる時流に異議を唱え、改革を求めたのである。これに対し雅望は、「雅な和歌の言葉ではなく、江戸の俗語を用いて、機知と笑いを取り入れてこそ狂歌だ」と反論。二人の確執は長い間続いたが、南畝が仲裁に入り、表面上は和解を遂げたという。

雅望の有名な歌に、次のものがある。

「歌よみは下手こそよけれあめつちの 動き出してはたまるものかは」

これは、「歌詠みは下手なほうがよい。上手に詠んで天地が動いたらたまったものではない」といった意味。紀貫之による『古今和歌集』の序文「（歌は）力をも入れずして天地を動かし目に見えぬ鬼神をもあはれと思はせ」を茶化したものである。この雅望の歌を目にした国学者・平田篤胤《ひらたあつたね》は、歌道を侮辱するものとして激怒したという。しかし、狂歌を愛好する人たちはかえって雅望の肩を持ち、その名声はさらに高まったという。

晩年の雅望は霊岸島新湊町（現・中央区明石町）に住み、息子の塵外楼清澄《じんがいろうきよすみ》とともに多くの狂歌本を著した。また、文政11年（1828）には、五摂家の一つである二条家から俳諧歌宗匠号が授与されている。

文政13年（1830）、雅望は78歳で死去した。

森島中良《もりしまちゅうりょう》（1756〜1810）

源内の門人にして定信の家臣

江戸時代最大の知識人で発明家、そしてアーティストであった平賀源内の一番弟子を名乗っていたのが森島中良である。

中良は兄で将軍侍医である桂川《かつらがわ》甫周《ほしゅう》の家で暮らし、桂川甫粲《ほさん》の名で兄の仕事を手伝っていたが、やがて黄表紙、洒落本、狂歌、絵本などの文芸の分野で頭角をあらわし、天明7年（1787）に『紅毛雑話』を刊行する。

この本は、兄・甫周が江戸に来たオランダ人と交流した際の話や、当時の蘭学者たちの話などを中良がまとめたもので、海外の文物にふれることがほとんどなかった当時の人々に好評をもって迎えられた。

その後も中良は、似たような海外の文物を紹介する本を刊行する予定だった

宿屋飯盛編・北尾政演画、蔦屋重三郎出版『古今狂歌袋』（国立国会図書館蔵）より万象亭（森島中良の狂歌名）。

万象亭（森島中良）作、蔦屋重三郎出版『田舎芝居』（国立国会図書館蔵）の扉絵。同作は滑稽本の嚆矢《こうし》とされる。

が、同年に松平定信が老中筆頭となり寛政の改革をはじめたことで状況が変わる。

まず、中良と親交のあった林子平《はやししへい》が海防の必要を説いた『三国通覧図説《さんごくつうらんずせつ》』『海国兵談《かいこくへいだん》』を出版したことで処罰され、これに連座して『紅毛雑話』を刊行した須原屋市兵衛も重過料（罰金刑）を科せられた。

まだまだ庶民が海外へ目を向けるには時代が早すぎたようだ。結局、市兵衛が進めようとしていた中良の本も発売することができなくなってしまった。

ただ、中良自身には思わぬ展開が待っていた。なんと定信の家臣として登用され、蘭学研究方を申しつけられたのだ。親交のあった林子平、恩人であった須原屋市兵衛、それぞれを罰した時の権力者に雇われることになり、中良はどんな思いを胸に抱いていたのであろうか。

定信の失脚後、中良は黄表紙の執筆を再開。享和元年（1801）には2代目風来山人を襲名した。

トピック③

寛政の改革と江戸文化

歴史は繰り返さないが、韻を踏む

松平定信による寛政の改革の柱は、田沼意次が推し進めた重商主義から脱却して農本主義に戻ることと、緊縮政策と風紀取り締まりであった。

これら寛政の改革の政策は、江戸庶民からは人気がなかったようだ。

改革の当初、蔦重をはじめとする出版人たちは定信の政策を黄表紙で風刺をするなど、文化人としての矜持《きょうじ》を見せていた。しかし、結局は黄表紙や浮世絵も取り締まりの対象となって山東京伝や蔦重らが処罰され、他の人気戯作者や浮世絵師たちも筆を折る者や方針転換をする者が続出し、江戸の出版文化は衰退していく。

その後、蔦重は東洲斎写楽を売り出すなどして再起を図るが、結局は以前の勢いを復活させることはできなかった。

しかし、当時の出版界に大打撃をもたらした定信の執政も、長くは続かなかった。

尊号事件および大御所事件の影響もあり将軍家斉との関係が悪化し、定信はわずか6年で老中を失脚。政権の中枢から離れることになる。

定信が厳しく風紀取り締まりを行ったことで、江戸庶民たちの娯楽や文化への渇望は、むしろ増大していたのだろう。また、戯作者や絵師をはじめとする文化人たちも、自由で創造的な表現活動に飢えていた。

そして定信の失脚後、江戸で文化が爆発する。この文化的な盛り上がりは、文化・文政（1804〜1830）の時代を中心としたことから、化政文化と呼ばれている。

化政文化で活躍した代表的な人物が、文学では十返舎一九や曲亭馬琴、美術では葛飾北斎や歌川広重、歌舞伎では4代目・鶴屋南北などだ。さらに学問の分野でも、国学や蘭学がブームとなっていった。

化政文化以前に発展した江戸時代の文化としては、元

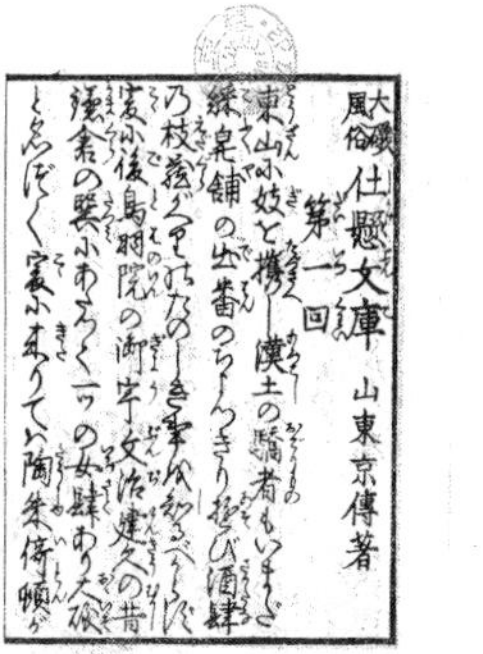
大礒風俗 仕懸文庫
第一回
山東京傳著

山東京伝作・画、蔦屋重三郎出版『仕懸《しかけ》文庫《ぶんこ》』（国立国会図書館蔵）の挿絵と冒頭部分。同作は寛政の改革の出版取締令に触れて絶版となる。

喜多川歌麿画『高名美人六家撰・富本豊雛《とみもととよひな》』（出典：国立文化財機構所蔵品統合検索システム）。寛政の改革の際、取り締まりへの対策として、描かれた女性の名を秘し、「判じ絵」にして表現した。同作は右上に富くじ・藻・砥石・戸・夜・雛祭を描き「とみもととよひな」と読む。

禄時代（1688～1704）とその前期に形成された元禄文化が知られている。その大きな違いは、元禄文化が上方発であったのに対して、化政文化は江戸発であったことだ。

一方で、この時代には再び賄賂が横行し、権力が腐敗したことによって幕府の財政が窮乏。天保年間（1830～1844）には大飢饉が発生し、一揆や打ち壊しが頻発するという、田沼時代の末期と同じような問題が続発した。その結果、老中・水野忠邦《みずのただくに》が享保・寛政の改革を模範とした天保の改革を推し進めることになる。

化政文化が花開いた時には、蔦重はすでに、この世にはいなかった。ただし、化政文化で活躍した人物には、蔦重と関わりの深い人物も多い。また、蔦重が生きていた時代も、広義には化政文化に加えることもある。いずれにせよ、化政文化の発展においても、蔦重が与えた影響が大きかったことは間違いない。

第四章

蔦重と競った江戸の出版人たち

鶴屋喜右衛門《つるやきえもん》

京都が発祥の江戸を代表する地本問屋

鶴屋喜右衛門（3代目）は、蔦重と同じく当時の出版界の中心地であった通油町で「仙鶴堂《せんかくどう》」を営む地本問屋だった。

仙鶴堂はもともと京都を拠点としていたが、分家が万治《まんじ》年間（1658～1661）に江戸で出店してのちに独立。草双紙や錦絵、黄表紙などを数多く出版する店に成長し、やがて江戸を代表する地本問屋になった。江戸時代後期に刊行された江戸の名所案内『江戸名所図会』にも、錦絵の販売所として鶴屋喜右衛門の店頭が描かれている。

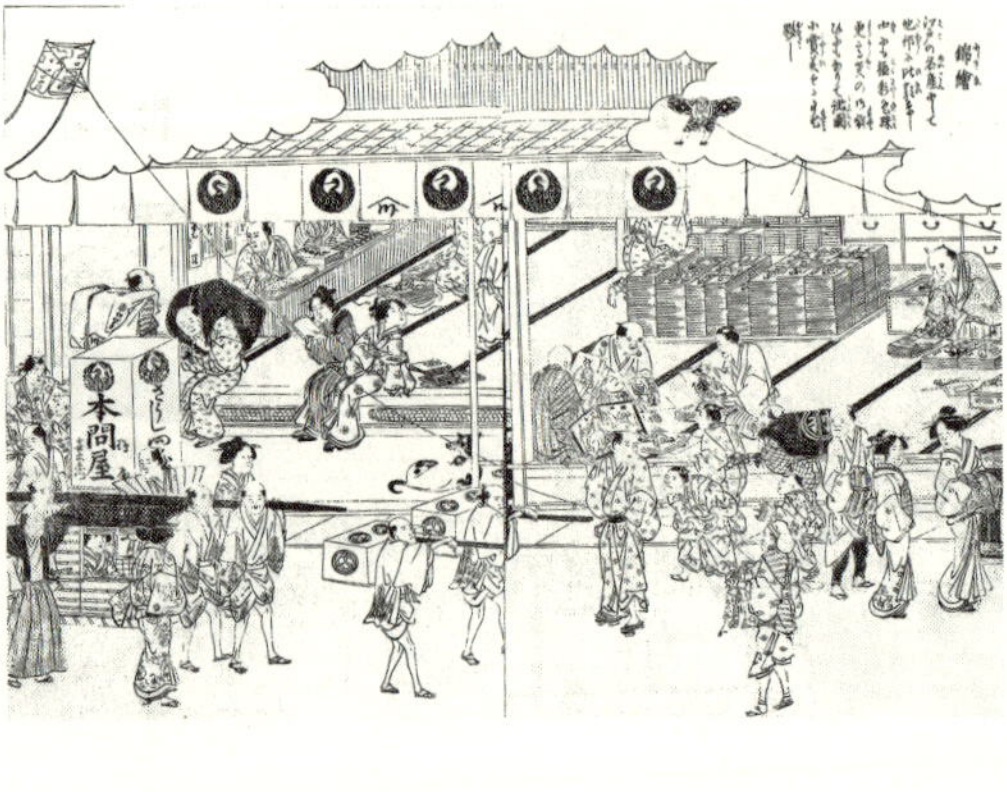

『江戸名所図会』（国立国会図書館蔵）より「錦絵」。通油町にあった地本問屋・鶴屋喜右衛門の店頭。

蔦重と同時代を生きた3代目は、歌川豊国の挿絵入りで自作の絵双紙『絵本千本桜』を出版して話題になった。ただし、この作品は曲亭馬琴の代作ともいわれている。

また、鶴屋喜右衛門は、山東京伝の黄表紙を蔦重と競うように出版していたことから両者はライバル関係にあったと思われるが、蔦重が黄表紙を手掛けるようになる前はともに日光へ旅していたことを馬琴が書き残しており、決して仲は悪くなかったようだ。

文政12年（１８２９）から天保13年（１８４２）にかけ、鶴屋喜右衛門は経営難の中で柳亭種彦《りゅうていたねひこ》の『偐紫田舎源氏《にせむらさきいなかげんじ》』の合巻《ごうかん》を出版する。合巻とは、数冊の本を合わせて１冊にして発売するものである。

この本が当時の女性たちに受け大ヒットとなるが、天保13年（１８４２）に水野忠邦《みずのただくに》による天保の改革によって取り締まりを受け、絶版処分になってしまう。同書は『源氏物語』の世界を室町時代に移して翻案した長編小説だったが、大奥の内情を描いたとの噂が流れたことで幕府のお咎めを受けたようだ。

鶴屋喜右衛門にとってドル箱になるはずだった『偐紫田舎源氏』は未完に終わり、ほどなくして作者の柳亭種彦も失意のうちにこの世を去る。

この絶版処分が経営に打撃を与えたのか、その後、鶴屋喜右衛門は衰退していく。

須原屋茂兵衛《すはらやもへえ》・須原屋市兵衛《いちべえ》

「武鑑《ぶかん》」と「蘭学」でブレイク

蔦重とは別の方向性で、天明・寛政期の出版業界で中心的な役割を果たしたのが須原屋であった。吉原のガイドブック『吉原細見』という、いわば遊興のための本を主軸とした蔦重に対して、須原屋の主力商品は「武鑑」であった。これは大名たちの姓名・領国・家紋・屋敷地・重臣・石高などが掲載されているものである。

須原屋は代々茂兵衛を名乗っており、「吉原は重三《じゅうざ》茂兵衛は丸の内」との川柳が残っている。これは吉原で売れる本をつくっているのが蔦屋〝重三〟郎で、丸の内に住む大名や旗本を相手に商売をしているのが須原屋〝茂兵衛〟という意味だ。

そんな須原屋茂兵衛の分家の一つが、須原屋市兵衛である。

市兵衛は日本橋にあった中椒堂《しんしょうどう》という本屋を経営しており、平賀源内やその周辺の蘭学者の書を多く手掛けた。前野良沢のオランダ語指導のもとで杉田玄白らが医学書

『ターヘル・アナトミア』を翻訳した『解体新書』を出版したのも市兵衛である。

ただ、当時は舶来のものに対して幕府の目が厳しい時代であり、出版した場合、何かしら処分を受ける可能性もある。実際にオランダの産物などを紹介した本が絶版となった例もあった。

そこで市兵衛は、まずは『解体新書』の内容を説明する『解体約図』を発売。そして幕府から何もアクションがないと見ると、『解体新書』を幕府の上層部に献上した。1年を経過しても、特に指摘されることがなかったため、晴れて『解体新書』が世に出ることとなった。

ただし、寛政4年(1792)には林子平の『三国通覧図説』が幕府に見とがめられて絶版となり、版木没収および重過料が市兵衛に科せられた。

『東都歳時記』(国立公文書館蔵)より「歳暮交加図」。左上に描かれた地本問屋は日本橋通一丁目の「須原屋茂兵衛」を描いたものと思われる。

鱗形屋孫兵衛《うろこがたやまごべえ》と丸屋小兵衛《まるやこへえ》

蔦重と関わりの深い二つの地本問屋

鱗形屋は万治年間（1658～1661）に開業した老舗で、浄瑠璃本、仮名草子などを手掛け、江戸の出版文化の隆盛に大きく貢献した地本問屋であった。家号は「鶴鱗《かくりん》（林）堂《どう》」を称した。

蔦重の時代には、安永4年（1775）に最初の黄表紙といわれる恋川春町作『金々先生栄花夢』を出版し、黄表紙というジャンルをリードする板元となった。

しかし、順調な経営を続けていた中で事件が起きる。手代の徳兵衛《とくべえ》が、大坂の板元がすでに出版していた本を改題しただけのものを売り出してしまったのだ。現在でいうところの著作権侵害だが、当時もこうした方法での出版はご法度《はっと》であった。訴えられた結果、徳兵衛は江戸から追放され、店主の孫兵衛も罰金を科せられた。

この鱗形屋のピンチに蔦重が目をつける。鱗形屋はもともと『吉原細見』をほぼ独占

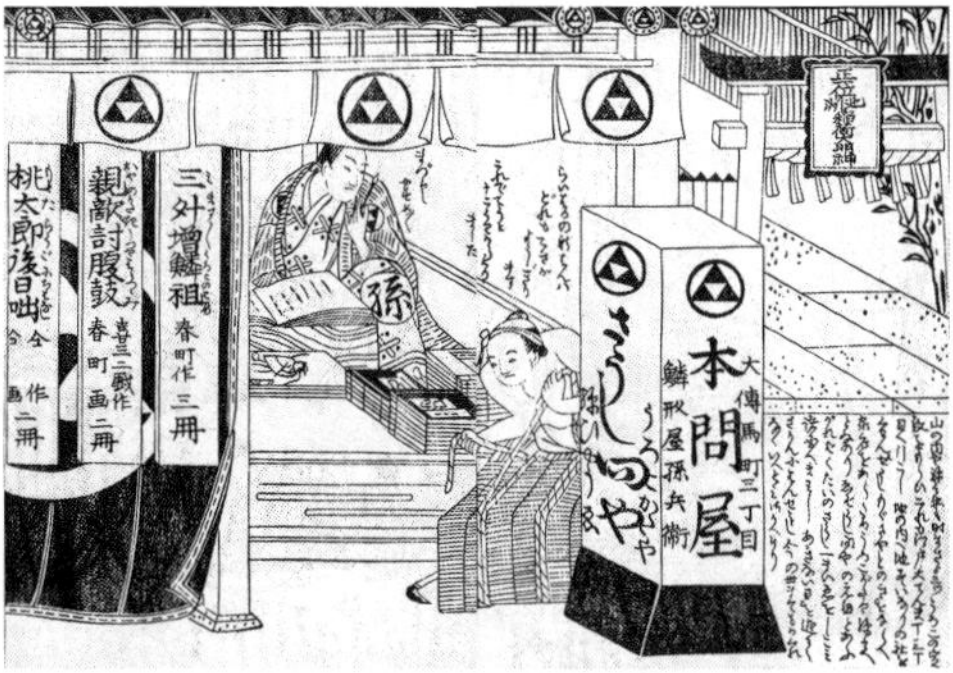

恋川春町作『三升増鱗祖《みますますうろこのはじめ》』(国立国会図書館蔵)に描かれた大伝馬町三丁目にあった鱗形屋孫兵衛の店頭。

的に出版していたが、事件の影響で一時期、出版を断念せざるをえなくなった。そこで、蔦重が『吉原細見』の出版に乗り出し、これが好評を博した。

のちに鱗形屋も『吉原細見』の出版を再開するが、蔦重に競い負けて版権を手放してしまう。これらのことが打撃となり、天明年間(1781~1789)になると鱗形屋は凋落《ちょうらく》していく。

一方の丸屋小兵衛も、元禄年間(1688~1704)より浄瑠璃本を刊行している老舗の地本問屋だった。場所は最初、日本橋大伝馬町三丁目にあったが、その後、通油町に移転して商売を行った。草双紙にははじめて作者の名前を入れるなど、新しい試みを行ったことでも知られる。しかし、徐々に衰退していき通油町にあった店を畳もうとしていたところを、蔦重が買い取って「耕書堂」本店とした。

和泉屋市兵衛《いずみやいちべえ》

豊国を売り出し蔦重と競った大店《おおだな》

和泉屋は、芝神明前三島町《しばしんめいまえみしまちょう》（現・港区芝大門）にあった地本問屋。代々市兵衛と称しており、家号は「甘泉堂《かんせんどう》」を称した。

和泉屋では当初、仏教や学術関連の書籍を刊行していたが、天明期から草双紙や錦絵などを出版するようになっていった。

蔦重と同時代を生きた4代目は、歌川派中興の祖と称される初代・歌川豊国を売り出し、役者絵の第一人者に押し上げたことで知られる。

寛政6年（1794）に売り出された錦絵連作『役者舞台之姿絵』は豊国の最初のヒット作として知られているが、これを手掛けたのが4代目で、従来よりも判を大型化し、役者絵

『東海道名所図会』（国立国会図書館蔵）に描かれた芝神明前三島町にあった和泉屋市兵衛の店頭。

の新たな魅力を引き出すことで成功した。

この時期、同じ役者絵を得意とする豊国と東洲斎写楽は競合関係にあった。写楽を売り出していたのはご存じのとおり蔦重であり、この二人の絵師の争いは、いわば江戸を代表する地本問屋の代理戦争であったともいえるだろう。

しかし、写楽は1年と経たずに歴史の表舞台からいなくなってしまう。江戸庶民にとっては、豊国の絵のほうが魅力的だったのだろう。

また、同じく歌川派では、歌川広重とも和泉屋は関係が深く、「江戸名所」「江都名所」「五十三次張交《はりあわせ》」「忠臣蔵」などのシリーズも和泉屋から出版されている。

広重が「江戸名所」シリーズを手掛けていた当時、もともと新興都市であった江戸は百万都市へと発展を遂げ、すでに一定の歴史を持つ街になっていた。そんな江戸に自信を持つ江戸っ子からすれば、「江戸名所」は待ち望んでいた〝ご当地自慢〟の作品でもあったようだ。

なお、和泉屋の繁栄の様子は、寛政9年（1797）に出版された『東海道名所図会』にも描かれている。

和泉屋は江戸時代中期から明治時代までの約200年にわたって8代続いた。

西村屋与八《にしむらやよはち》

蔦重より先に歌麿を発掘

江戸戯作文学の作者たちの評伝集『近世物之本江戸作者部類』によると、西村屋与八（2代目）は鱗形屋孫兵衛の次男で、婿養子として地本問屋の西村屋に入ったという。家号は「永寿堂《えいじゅどう》」で、場所は日本橋馬喰町《ばくろちょう》にあった。

与八は浮世絵師の鳥居清長と組んで、数々の美人画の作品を発売したことで知られている。寛政期（1789〜1801）には、美人画といえば西村屋と評判で、蔦重も喜多川歌麿や東洲斎写楽の浮世絵を世に出し対抗した。

与八は戯作者・柳亭種彦を育て上げたことでも知られる。

天明3年（1783）に旗本の長男として江戸に生まれた種彦は、寛政8

葛飾北斎画『絵本庭訓往来《ていきんおうらい》』（国立教育政策研究所 教育図書館蔵）に描かれた西村屋与八の店頭。

年（1796）に家督を相続。唐衣橘洲に狂歌を学び、石川雅望と親しくするなど多くの文芸関係者と親交を持つようになった。

種彦は、文化12年（1815）から天保2年（1831）にわたって『正本製《しょうほんじたて》』を西村屋で出版し、これがロングセラーとなる。同書は歌舞伎の演出や舞台構成を巧みに用いた作品で、種彦はこのヒットで戯作者としての地位を確立した。

与八は、実は喜多川歌麿を世に出した人物でもある。

歌麿を売り出した人物といえば蔦重という印象が強いが、与八のほうが先に、歌麿に挿絵を描かせていた。

その後、歌麿が浮世絵界のスターになったことを考えると、江戸の出版業界では激しい引き抜き合戦もあったのだろう。

与八は、筆禍事件後の山東京伝や、十返舎一九の作品も手掛けている。

なお、2代目与八は「山巴亭青江《さんばていせいこう》」という名前で戯作も残した。

また、続く3代目与八は天保期に歌川広重や葛飾北斎らの作品を数多く手掛けて浮世絵風景画の確立に貢献したが、天保半ばを過ぎたころから西村屋の活動は衰えていったようだ。

蔦屋吉蔵《つたやきちぞう》

江戸後期に活躍したもう一つの蔦屋

蔦重の死後、耕書堂はどんな道を歩んでいったのか。

蔦重の遺体は菩提寺である山谷正法寺《さんやしょうほうじ》（台東区東浅草）に埋葬されたが、過去帳などが火災で燃えてしまっていて、詳しいことはわかっていない。

明らかになっていることとしては、耕書堂の番頭であった勇助が養子となり2代目重三郎を名乗り、店を継いでいる。

また、地本問屋では蔦屋吉蔵という名前も残っているが、こちらは蔦屋の分家のようで、蔦重との関係性も含めて不明な点が多い。吉蔵は「紅英堂《こうえいどう》」という屋号を使っ

渓斎英泉画、蔦屋吉蔵出版『英泉藍摺錦絵（仮宅の遊女）』（国立国会図書館蔵）。

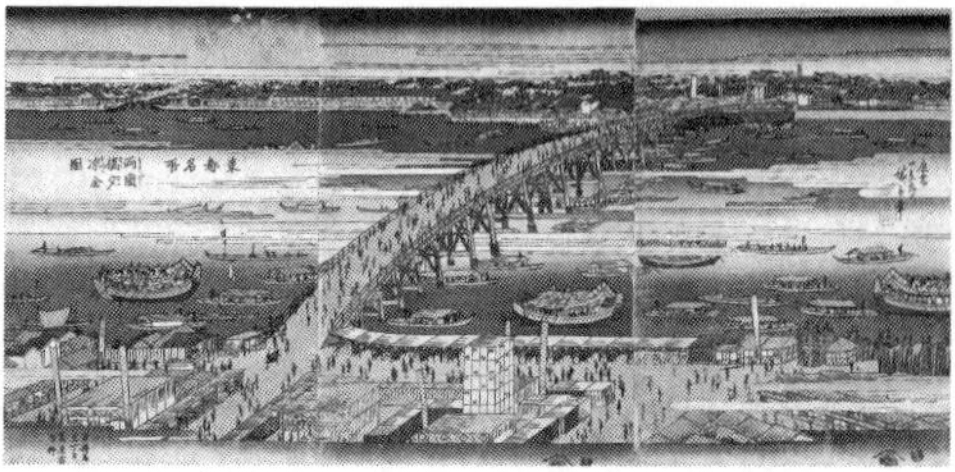

一立斎（歌川）広重画、蔦屋吉蔵出版『東都名所 両国橋夕涼全図』（国立国会図書館蔵）。

ており、享和年間から明治期にかけて南伝馬町で営業していた。

紅英堂は、渓斎英泉や歌川広重などの浮世絵を中心に幅広い出版物を手掛けた。広重の代表作『五十三次名所図会』『江戸名所四十八景』を出版していることからも、江戸時代後期においてそれなりの力を持つ地本問屋であったことがわかる。

吉蔵は、蔦重とほぼ同じ版元印（浮世絵などの刊行物に押された印）を用いていたが、紅英堂の場合は、蔦の意匠の上に小さく「・」がついている点が異なる。

なお、耕書堂は初代の蔦重が亡くなると、通油町から離れて横山町一丁目に移る。続いて小伝馬町二丁目、浅草並木町雷門内、浅草寺中梅園院地借市右衛門店などを転々とし、明治のはじめまでは営業を続けていたが、小売りだけの書店となっていた。かつて出版プロデューサー・蔦屋重三郎が数々の仕掛けで江戸の庶民を楽しませたころの耕書堂の姿は、そのころにはもうなかったようだ。

伊能忠敬《いのうただたか》（1745〜1818）

延享2年（1745）、伊能忠敬は上総国《かずさのくに》小関《こせき》村（現・千葉県九十九里町）の名主・小関貞恒《さだつね》の三男として生まれた。幼いころより学問を好み、算術や地理、天文書などを熱心に学んだという。

宝暦12年（1762）に佐原《さわら》村の酒造家・伊能家の養子となり、家業に勤しむ一方で名主としても活躍。天明の飢饉の際には、佐原村から一人の餓死者も出さなかった。

49歳で家督を譲り隠居した忠敬は、50歳で江戸に出て、19歳年下の天文学者・高橋至《よし》時《とき》に入門。寛政12年（1800）、56歳の時に測量の旅を始める。その後、忠敬は72歳まで10回にわたり測量の旅を続け、その測量日数は3737日、測量距離は約4万キロ、天体観測地点数は1203に達する。

文政元年（1818）、忠敬は八丁堀の自宅で死去。74歳だった。3年後、弟子たちの手により国内最初の実測地図『大日本沿海輿地全図』が完成した。

『肖像 2之巻』（国立国会図書館蔵）より伊能忠敬。

小野《おの》蘭山《らんざん》と菅江《すがえ》真澄《ますみ》

本草学《ほんぞうがく》とは、当時の薬学のこと。蔦重と同時代に活躍した本草学者が、小野蘭山（１７２９～１８１０）と菅江真澄（１７５４～１８２９）だ。

小野蘭山は13歳から本草学を学び、25歳の時に京で私塾・衆芳軒《しゅうほうけん》を開き名声を高めた。寛政11年（１７９９）には幕府医学館に招聘《しょうへい》され、江戸で本草の講義をするかたわら各地の薬草を採集し、文化3年（１８０６）に『本草綱目啓蒙』48巻を出版した。シーボルトは蘭山を「日本のリンネ」と評した。

菅江真澄は、三河《みかわ》（現・愛知県）出身の国学者・本草学者で、紀行作家としても知られる。天明3年（１７８３）より家を出て各地を旅するようになり、東北を中心に遊歴。文化8年（１８１１）に秋田に住むようになった。真澄は各地での見聞を地誌、図絵集、随筆などとして書き残しており、当時の生活を知るための貴重な資料となっている。後年、柳田國男《やなぎたくにお》は「菅江真澄こそ民俗学の祖である」とその業績を讃えた。

谷文晁画『蘭山翁畫像』（国立国会図書館蔵）。

最上徳内《もがみとくない》（1754〜1836）

宝暦4年（1754）、最上徳内は出羽《でわ》（現・山形県）の農家に生まれた。学問を志し江戸に出た徳内は、家僕として働きながら経世家・本多利明《ほんだとしあき》のもとで天文と測量を学び、天明5年（1785）に利明の推薦により幕府の蝦夷地探検に随行。一時投獄されるも嫌疑が晴れて再び幕府に取り立てられると、文化5年（1808）まで9回、国後《くなしり》や択捉《えとろふ》、樺太《からふと》などで探検・調査探検を行った。また、寛政年間にはロシア人から聞いた情報をまとめて『蝦夷草紙』を著し幕府に蝦夷地の重要性を訴えた。身分に厳しかった江戸時代において、農民から幕臣に取り立てられた数少ない人物の一人で、シーボルトがもっとも信頼を寄せていた日本人とも言われる。

なお、徳内とは〝探検〟の質は異なるが、伊勢（現・三重県）生まれの船頭で、難船してロシアに漂流後、寛政5年（1793）に日本に帰還した大黒屋光太夫《だいこくやこうだゆう》も、蔦重と同時代を生きた人物である。

『最上徳内 修養訓話』（国立国会図書館蔵）より最上徳内肖像。

第五章

蔦重の運命を翻弄した為政者・役人たち

田沼意次（1719～1788）

足軽の家系から大名へ

意次は、250年以上続いた江戸幕府の歴史の中でも、かなり特異な人生を歩んだ人物であった。享保4年（1719）、意次は田沼意行《おきゆき》の嫡男として江戸に生まれた。

父・意行はもともと紀伊徳川家に仕える足軽だったが、部屋住み時代の吉宗の側近となり、享保元年（1716）、紀伊藩主であった徳川吉宗が8代将軍に就任することになると江戸に同行し、旗本となった人物である。

つまり、意行の子である意次も、吉宗の将軍就任がなければ、一介の紀伊藩士としてその生涯を終えるはずであった。

さらに意次は、16歳の時に吉宗の嫡男・家重《いえしげ》の小姓（年少の側近。事務や雑用もこなす）

『田沼意次侯肖像』（牧之原市史料館蔵）。

となる。このことが、意次の将来を決定した。

延享《えんきょう》2年（1745）、家重が9代将軍として就任したのちも意次は側近として仕え、宝暦8年（1758）には1万石を与えられ大名となった。その翌々年の宝暦10年（1760）、家重は嫡子・家治《いえはる》に将軍職を譲る。家重はその翌年に亡くなるが、末期の床で「田沼を重用せよ」と、家治に遺言したと伝わる。

父の遺言を守ってか、家治も意次を重用した。明和4年（1767）には意次は2万石に加増され、遠江相良《とおとうみさがら》（現・静岡県牧之原市）に築城を許される。2年後には老中格となって幕政に参画することになる。

もともと足軽の家柄であった田沼家から、意次が老中にまで出世したことは、厳しい身分制度が存在していた江戸時代において極めて異例なことであった。

権勢と賄賂政治

老中時代の意次の権勢を物語るエピソードに、次のようなものがある。

田沼家の下屋敷が稲荷堀《とうかんぼり》（現・日本橋小網町《こあみちょう》）にできた時、意次は庭の池を眺めて「ここに鯉でも泳いでいれば、いい眺めだろう」とつぶやいた。すると、その日の夕方には池にたくさんの鯉が泳いでいたという。意次に忖度《そんたく》した者たちが、次々と鯉を集めて献上したのだ。

またある日、意次の家来が「最近、老中は枕元に岩石菖《いわぜきしょう》(ユリ科の多年草。花石菖)を置いて楽しんでいます」と何気なく話したところ、この情報はまたたく間に江戸中の武士の間で広まり、意次の屋敷に次々と岩石菖が贈られたため、屋敷は足の踏み場もないほどになってしまったという。

これらの話は、意次の悪政を誇張するために流布された作り話ともいわれているが、当時の人々が意次に対して抱いていた印象の一端がうかがえるエピソードである。

一方、田沼時代に賄賂が横行したのは事実のようである。

この時代、賄賂がなければ役職に就くのは難しく、一説には勘定奉行になるためには2000両、目付になるためには1000両が相場であったともいわれている。また、彦根藩主・井伊直幸《なおひで》は、意次の老中職よりも上位の大老になるために、意次に賄賂を贈ったという噂もあった。

賄賂政治が横行すれば、適材適所の人材採用が行われなくなる。また、金を持っていない者は仕事に対してやる気をなくしてしまい、結果として国力が衰えてしまう。賄賂の横行には、こうした弊害があった。

　その一方で、実は江戸時代において、賄賂は絶対悪ととらえられていたわけでもなかったようだ。むしろ賄賂は、ものごとを円滑に進めるための潤滑油として一定程度認められてもいた。また、この時代の幕臣は役職手当が少ないにもかかわらず経費は持ち出しであったため、何かと出費の多い役職に抜擢《ばってき》された際には、足りない分を賄賂で補塡《ほてん》することも現実的な対処法としてあったようだ。

　そう考えれば、もともとさほどの身分でなかった意次が政権を運営するための資金としても、ある程度の賄賂は必要だったのかもしれない。

　そもそも、潔癖で知られる松平定信すら、田沼時代には意次に賄賂を贈っていたという。これも江戸時代の現実だったのだろう。

山東京伝作・蔦屋重三郎出版『時代世話二《じだいせわに》挺鼓《ちょうつづみ》』(国立国会図書館蔵)より。田沼事件に題材を取りつつ、平将門と藤原秀郷の物語として婉曲化して描いた。挿絵にある七つの星は田沼家の家紋・七曜星を暗示したものという。

蝦夷地《えぞち》開発と積極外交

意次の政治方針は重商主義であった。商いを推奨して経済が発展すれば、文化も活性化する。その結果、蔦重らが活躍できる土壌がつくられていったのである。

さらにもう一つ、意次の政策として注目すべきは、ほぼ鎖国状態にあった江戸時代において積極外交を目指したことだ。

まず、蝦夷地に目をつけた意次は、天明5年（1785）に北方探検隊の結成を命じて地理や特産品、アイヌの生活などを調べさせた。そのうえでロシアとの交易を本格的に検討。580万石という莫大な新田を蝦夷地に開発することを目標に、1万人以上の移住者を送り込むことを検討した。この事実からも、意次が常識にとらわれることなく、スケールの大きい自由な発想でものごとを考えていたことがうかがえる。

そもそもこの蝦夷地開発計画も、一介の仙台藩士であった工藤平助《くどうへいすけ》という人物が自著『赤蝦夷風説考《あかえぞふうせつこう》』を意次に献上し、そこからヒントを得たものだった。見どころのある意見は積極的に取り入れる柔軟さも意次は持っていたようだ。

だからこそ、平賀源内のような天才肌の人物にも興味を持ったのだろう。また、そんな意次がトップであったからこそ、当時の江戸文化に新しい機運が生まれたとも考えられる。しかし、この蝦夷地開発計画は意次が失脚したことで頓挫してしまう。

それから約70年後にペリーが来航。江戸幕府はなし崩し的に開国し、尊王攘夷を掲げる倒幕派に倒されることになる。

歴史に「ｉｆ」はないが、もしも意次の目指した外交政策が実を結び、ペリー来航のころまでに日本が西洋列強に負けない国力や技術を持つことができていたならば、江戸幕府の行く末は変わっていたかもしれない。

しかし、天明4年（1784）に嫡男の意知《おきとも》が斬殺され、さらにその翌々年に意次を支援していた10代将軍家治《いえはる》が死去すると、跡継ぎと後ろ盾を失った意次は失脚。領地を削られたうえ謹慎蟄居《きっちょ》を命じられる。天明8年（1788）7月、意次は70歳で死去した。

『田沼騒動記』（国立国会図書館蔵）より「遠江相良城受取の図」。意次の失脚後、相良城は松平定信の命により没収され徹底的に破却された。

松平武元《まつだいらたけちか》（1713〜1779）

38年にわたって老中を務める

松平武元は、徳川御三家の一つ、水戸徳川家の一族である常陸府中《ひたちふちゅう》藩主・松平頼明《よりあき》の次男として生まれた。その後、武元は将軍家とさらに近い上野館林《こうずけたてばやし》藩主・松平武雅《たけまさ》の養子となって跡を継ぎ、右近将監《うこんのしょうげん》と称した。

武元は、時の将軍吉宗のもとで奏者番《そうじゃばん》、寺社奉行を務めたのち、延享《えんきょう》4年（1747）に西の丸老中に就任。吉宗は隠退に際して武元に後事を託し、徳川将軍家の体制を支える重要な幕僚となった。

吉宗に仕えていた当時、武元が果たした大任の一つが朝鮮通信使の接待である。道中や江戸での接待はもとより、送迎するための施設の建造や修繕、道路の整備、さらには沿道の警備と、まさに一大プロジェクトであったが、あまりにも強引に進めたためトラブルが続出。ところが、トップである武元の責任が問われることはなかったという。

さらにその後、享保の改革における増税に対して不満を持つ農民が大規模な一揆を起こし、幕府は一度、鎮圧に失敗している。しかし、この時も武元が責任を問われることはなかった。身分が物をいうこの時代、家柄の良い武元に責任を問える者などいなかったのであろう。

吉宗の信任厚かった武元は、延享4年（1747）に9代将軍家重《いえしげ》の老中に就任、明和元年（1764）には10代将軍家治の老中首座に就く。特に家治からは「西丸下の爺」と呼ばれ信頼された。

台頭する田沼意次とも良好な関係を築いた武元は、老中として38年（老中首座15年）という歴代最長の任期を全うした。「田沼時代」と呼ばれる時期の斬新な改革の多くは、武元の存在があってこそ可能だったともいわれている。

意次が、息子の意知とともに政権を掌握したのは、武元が老中首座に在職のまま死去した安永8年（1779）よりあとのことである。

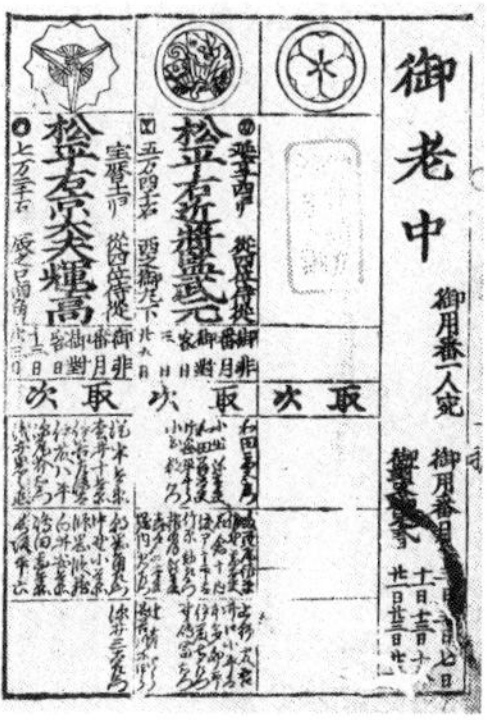

『明和武鑑《めいわぶかん》』（国立国会図書館蔵）に記載された松平武元の家紋と名前。武鑑は民間の板元により発行された大名や幕府の武家名鑑。

田沼意知《たぬまおきとも》（1749〜1784）

父の影響下で異例の出世

「平家にあらずんば人にあらず」との言葉を残したのは平清盛《たいらのきよもり》の義弟・時忠《ときただ》である。このように親族が時の人となれば、周囲も多大な恩恵を受けるのが世の常である。

田沼意知も、父・意次が権力を掌握すると、ご多分に漏れず父の権勢の恩恵を受けた。意知は、父の影響下で幕臣としてスピード出世を遂げ、天明3年（1783）には、老中の次に位置する若年寄《わかどしより》に就任する。当時、意知はまだ田沼家の家督を継いでいなかったが、そうした状況での若年寄就任は異例の出世であった。

この親子での大出世は、当時の庶民から「田沼さまには及びもないが、せめてなりたや公方（将軍）さま」といわれていたという。

これを読んで「意味がわからない」と思う人も多いだろう。これは「田沼親子のように権力を持てないので、せめて将軍のようになりたい」という意味で、田沼親子が将軍以上とも思えるほどの権勢を誇ったことから、皮肉を込めてうたわれたものだ。

わが世の春を謳歌《おうか》した意知の遊び

中国の歴史を見れば、殷《いん》の紂王《ちゅうおう》の「酒池肉林」を筆頭に、事実かどうかはともかく常識外れな遊興にふけった権力者のエピソードが数多く残っている。一方で、日本史では、そこまで常識外れなエピソードはなかなか見当たらない。ただし、意知は例外として名前をあげてもいい人物かもしれない。

実は意知は、相撲観戦に熱中していた。

相撲好きというだけならば、そこまで珍しくもないだろう。しかし、築地にあった意知の屋敷で開催されていたのは、女相撲だった。意知は、屋敷内の大広間で若い女中たちに相撲を取らせていたのである。

石部《いしべ》琴好《きんこう》作・北尾政演（山東京伝）画『黒白《こくびゃく》水鏡《みずかがみ》』（国立国会図書館蔵）より、田沼意知殺害事件を描いた挿絵。

腰にまわしをしめた女中たちの上半身は裸であった。あられもない姿をした女中たちの取り組みに意知はやんやの喝采《かっさい》をし、勝った者ばかりではなく、面白い負け方をした女中にも褒美を与えたという。

この女相撲の開催中は屋敷から大きな笑い声が起こり、周囲の屋敷にまで聞こえるほどであったという。夢中になる気持ちもわからないではないが、時の権力者の遊びとしては品がないといわざるをえない。

意知の最期と田沼時代の終焉《しゅうえん》

賄賂政治の象徴とされる田沼時代。意知の生涯も、賄賂にまつわる怨恨で幕を閉じることになる。

旗本・佐野政言《さのまさこと》は職を斡旋してもらうため、意知に賄賂を贈った。しかし、意知はその約束を果たさなかった。さらには意知が家系図の粉飾をしようとした際に、政言との間でトラブルになっていたという（他にも諸説あり）。

堪忍袋の緒が切れた政言は、ある日、江戸城中に忍び込んで衝立《ついたて》の後ろに隠れ、意知に斬りつけた。忠臣蔵はさておき、当時、江戸城中での刃傷沙汰《にんじょうざた》などありえないこと

『徳川十五代記』(国立国会図書館蔵)より佐野政言と田沼意知を描いた挿絵。

である。そのため、意知は完全に油断をしていたのだろう。周囲は血の海となり、肩や股を斬られた意知は、この時の傷がもとで亡くなる。享年36であった。

一方、政言は「乱心」ということで切腹となった。判官贔屓《ほうがんびいき》な江戸っ子たちは、忠臣蔵での浅野内匠頭《あさのたくみのかみ》と同じく、目上の者を斬りつけた政言に同情的であった。また同時期に天明の飢饉が起こり、多くの庶民が疲弊し、田沼政治に対する世間の不満も噴出していた。そうした不満が渦巻く中、意知の死をきっかけに、父・意次も失脚へと追い込まれていく。

政言自身は、おそらく私怨によって意知を殺害したのであろう。しかし、田沼親子の専横を快く思っていなかった庶民は、大権力者を討った政言を「佐野大明神」や「世直し大明神」として讃えた。その後、政言の墓には花を供える者があとを絶たなかったという。

松平定信《まつだいらさだのぶ》（1758〜1829）

『国史大図鑑 第4巻』（国立国会図書館蔵）より「松平定信自画像」。

定信による緊縮財政と綱紀粛正

江戸の三大改革の一つとして知られる寛政の改革を行ったことで有名な松平定信。改革として彼が実行したのは、徹底した緊縮財政であった。

定信が緊縮財政を断行したのには理由があった。白河《しらかわ》藩主として天明の飢饉の対策に追われた際、定信は徹底した倹約で危機を切り抜けた実績があった。そんな実績があっての老中首座の抜擢であったことから、同じ政策で幕府を運営しようと考えたのだろう。

また、すでに実績のあった定信の手腕に、多くの人が期待を寄せた。天明の飢饉で苦しんでいた庶民も、賄賂政治の代名詞のようにいわれていた田沼意次ではなく、厳しく統制することを目指す定信が世直しをしてくれると信じたようだ。しかし現実問題として、緊縮財政だけではなかなか思うような効果は上がらなかった。

そうした中で、定信は5年経過した債権の放棄を命じる。これは借金に苦しむ武士たちを助けることが目的であったが、貸していた商人からすればたまったものではない。そのため定信は、商人たちから大いに反感を持たれることになった。

さらに、改革として綱紀粛正も推し進められる。その結果、出版統制が行われ、蔦重をはじめ多くの者が処罰されることになった。他にも風紀が乱れるとの理由で混浴が禁止されるなど、庶民にとっては息苦しい世の中となっていった。

武士にも厳しかった定信

綱紀粛正のターゲットは庶民ばかりではない。定信は武士に対しても厳しかった。「隠し目付」と呼ばれる隠密部隊が江戸の市中に放たれ、旗本や大名たちの生活を監視した。様々な噂話が集められ、もはやプライバシーなどまったくないような世の中へとなっていった。

「あの者には人に言えない借金がある」「あの者には愛人がいる」といった程度なら理解はできる。しかし、あまりに厳しい詮索を続けたことから、隠密部隊も密告することがなくなってしまう。

ただ、何か成果を報告しなければ、自分が仕事をしていないように見られてしまう。それでは困る。そこである目付は「あの者は三味線を弾いていた」などという、それのどこが悪いことなのかわからないようなことまで密告していたという。

これでは、とても正常な感覚で仕事をしている状態とはいえないだろう。

厳しく監視すれば役人たちの働きぶりが良くなるかといえば、そんなことはなかったようだ。

実は芸術を愛する男だった?

蔦重から見れば定信は好ましくない為政者だったはずだ。また、現代の我々も定信に対して、好ましくないとはいわないまでも、堅物のイメージを持っている人が多いだろう。

しかし、定信はただの堅物ではなかった。寛政の改革では大衆文化を厳しく取り締まったものの、実は、定信は自らが執筆した大名社会を風刺した作品

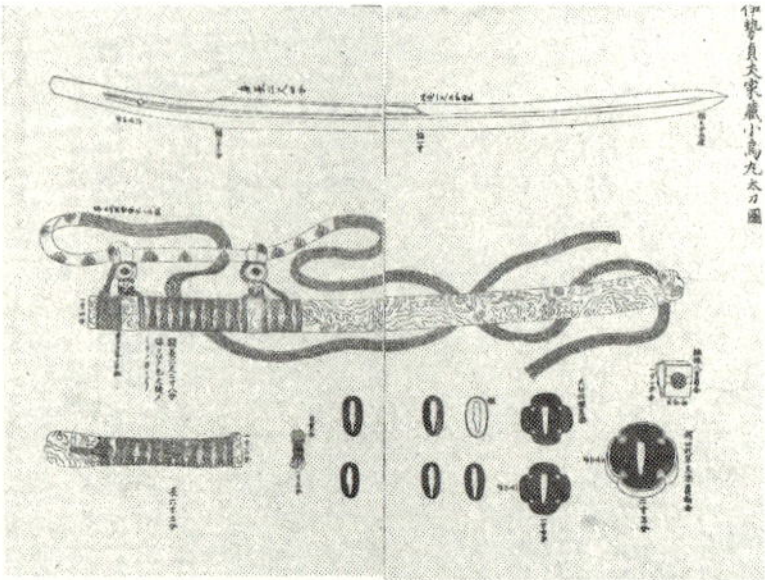

松平定信編『集古十種』(国立国会図書館蔵)より「伊勢貞丈家蔵小烏丸太刀図」。小烏丸は壇ノ浦に沈んだとされていた平家の宝刀で、江戸時代に再発見された。

『江戸浴恩園全圖』(国立国会図書館蔵)。浴恩園は松平定信が晩年を過ごした白河藩下屋敷にあった庭園。東京都中央区の旧築地市場敷地内にあった。

を残している。また、個人の趣味として浮世絵の収集も行っていた。定信は、公人としてはともかく、個人としては決して大衆文化を否定してはいなかった。

本当は大衆文化を好んでいたものの、職務と自身の趣向は別であるとして自分を律していたのか、それとも庶民が楽しむものに触れてその気持ちを理解しようとしていたのか、これは定信本人に聞いてみなければわからないことだが、大衆文化を全否定するようなタイプの堅物でなかったことは間違いないだろう。

なお、学問を好んだ定信はその生涯で200点近くもの著書や編書を残しており、老中退職以前は『国本論《こくほんろん》』『物価論』など主に政治関係のものを、退職後は『花月草紙』『楽亭筆記』など文芸に関するものを数多く著している。

晩年の定信は、江戸築地の白河藩下屋敷浴恩園《よくおんえん》に住み、風雅な生活を送ったという。

長谷川宣以《はせがわのぶため》(1745〜1795)

小説・時代劇でおなじみの「鬼平」

池波正太郎の小説『鬼平犯科帳』や同名のテレビ時代劇でも知られる「鬼平」こと長谷川宣以(通称・平蔵《へいぞう》)は、松平定信が老中を務めていた時代に火付盗賊改役《ひつけとうぞくあらためやく》を務めた役人である。

宣以は、築地で400石の中堅旗本の家に生まれた。父親は、京都西町奉行も務めた長谷川宣雄《のぶお》であった。

小説や時代劇では、宣以は〝元不良〟として描かれているが、実際の宣以も若いころは放蕩無頼《ほうとうぶらい》を尽くしていたようで、歴代の京都町奉行の言行などを記録した『京兆府尹《けいちょうふいん》記事《きじ》』には、「本所の銕《てつ》」などと呼ばれ恐れられていたと記されている。

父が亡くなり、宣以が家を継いだのは安永2年(1773)のことだった。田沼意次が老中になった翌年で、田沼時代が本格的にはじまっていく時期であった。

意次と宣以には、あるエピソードが残っている。

田沼邸の近くで火災が発生した際、宣以はすぐに直行する。誰よりも早く田沼邸に到着した宣以は、「風向きが悪いので退かれるべきです。私がご案内します」と、速やかに意次を安全な場所へ誘導したという。

ここまでならばたいした話ではないが、宣以は田沼邸に到着する前に、江戸でもっとも評判の良い菓子屋に立ち寄っており、餅菓子を田沼邸に届けるように依頼していた。そして意次が無事避難したあと、すぐに意次のもとへ菓子が届いたのだ。

この手際の良さに意次は舌を巻いたという。

もちろん、見ようによっては「時の権力者に取り入る狡猾《こうかつ》な人物」とも解釈できるエピソードではあるが、たとえそのとおりだとしても、仕事のできる人でなければ、これほどスムーズに事を運ぶことはできないだろう。

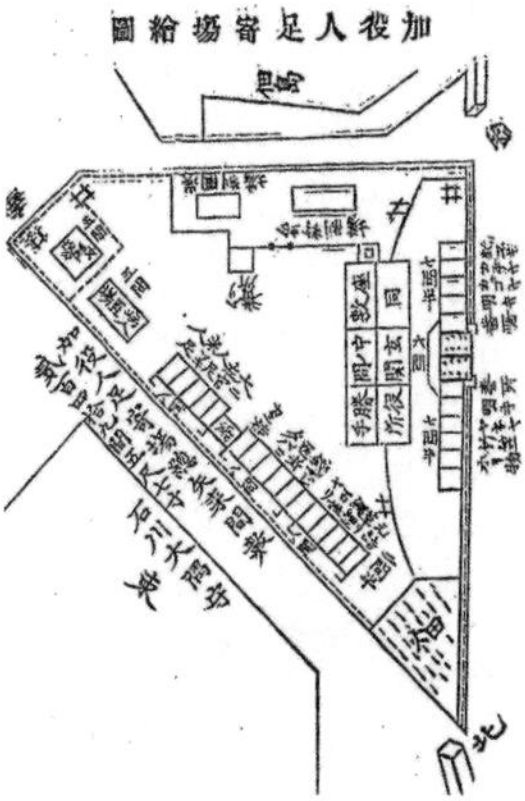

『蜀山人全集 巻5』(国立国会図書館蔵)より、大田南畝作『一話一言』掲載の「加役人足寄場絵図」。蜀山人は南畝の晩年の号。

火付盗賊改役としての業績

宣以が火付盗賊改役に就任したのは、田沼意次が失脚し、松平定信が老中首座となった3カ月後である。

寛政元年（1789）には、関東一円を股に掛け盗みを働いていた盗賊・神道《しんとう》（真刀・神稲とも）徳次郎《とくじろう》一味を捕縛、その2年後には江戸市中を荒らしまわった凶悪犯・葵《あおい》小僧を捕らえるなど、小説やドラマに違わない目覚ましい活躍を見せた。

宣以の仕事でもっとも知られているのは、江戸に人足《にんそく》寄場《よせば》を創設したことだろう。当時、飢饉の影響で地方から江戸へ向かう無宿人《むしゅくにん》が増加しており、江戸の治安は悪化する一方であった。そこで宣以は、無宿人を収容する施設の建設を定信に提案し、隅田川の河口付近にあった石川島《いしかわじま》に人足寄場を建設した。この施設は刑罰のため

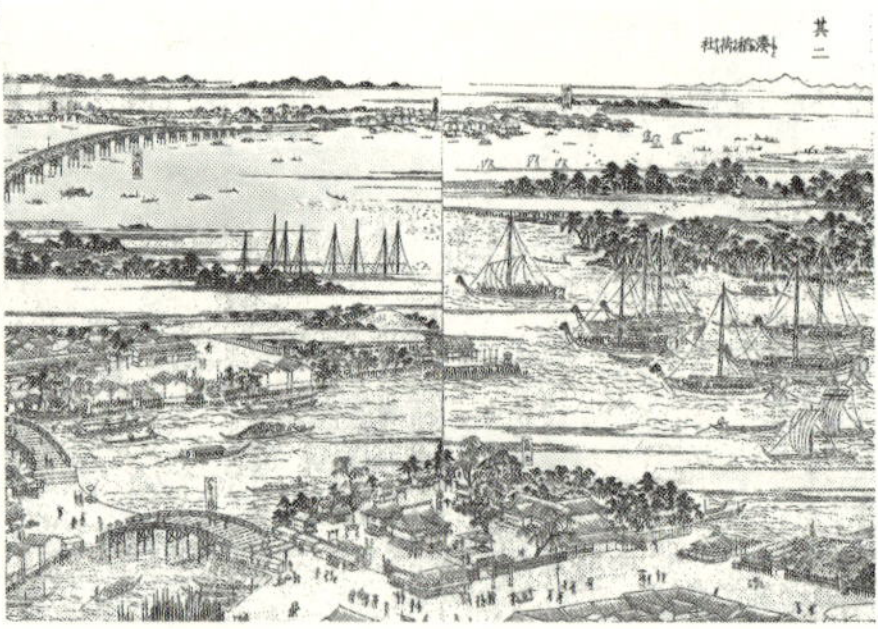

『江戸名所図会』（国立国会図書館蔵）より「湊稲荷社」。右側の中央やや上あたりが人足寄場のあった石川島。湊稲荷社（絵図中央下）は中央区湊に鎮座する鐵砲洲稲荷神社の別名。

ではなく、あくまで社会復帰をサポートするための、いわば授産施設であった。

定信は、宣以のことを「利益を貪る山師のような姦物《かんぶつ》と悪評が高いが、それぐらいでないとこうした事業などできるものではない」と評していたという。人物を批判しつつも、その仕事ぶりは褒めていたのである。そもそも宣以は、同僚である旗本たちからの評判があまり良くなかったようで、定信もそんな噂を聞いていたのだろう。

しかしその後、宣以が設置した人足寄場は予算を減らされることになってしまう。そこで宣以は定信の許可を得て、銭相場に介入して資金を得ることに成功する。

しかし、このやり方にも悪評がつきまとった。もともと評判が良くなかった宣以なので、同僚たちも「私腹を肥やすためにやったのでは……」と怪しんだという。

それでも定信は宣以を信頼し、頼りにもしていたようだが、結局、宣以は人足寄場の担当からはずされてしまった。

宣以自身は町奉行になることを望んでおり、定信からの信頼を励みに職務に精勤していたようだが、寛政5年（1793）に定信が失脚。宣以もその2年後、寛政7年（1795）に病気となり、同年50歳の若さで亡くなる。今でいうところの「過労死」であったともいわれている。

杉田玄白《すぎたげんぱく》（1733〜1817）

享保18年（1733）、杉田玄白は小浜藩《おばま》（現・福井県小浜市）の外科医・杉田玄甫《げんぽ》の子として、江戸小浜藩邸で生まれた。18歳から幕府医官・西玄哲《にしげんてつ》に蘭方外科を学び、その後、小浜藩医となった。明和8年（1771）、玄白はオランダの医学書『ターヘル・アナトミア』を入手する。同書に描かれた解剖図が非常に詳細であることに驚いた玄白は、実際の体と比較するため小塚原刑場で人体解剖に立ち会い、『ターヘル・アナトミア』の翻訳を決意。前野良沢《まえのりょうたく》、中川淳庵《なかがわじゅんあん》らと翻訳を行い、安永3年（1774）に『解体新書』5巻を完成させた。同書は日本における西洋医学発展に大きな功績を残したと評価される。なお、玄白は、翻訳作業の苦労を『蘭学事始』に書き残している。その後、玄白は学塾・天真楼《てんしんろう》で後進の教育も行った。同塾出身者には後に蘭学塾を開いた大槻玄沢《おおつきげんたく》、医学書を残した宇田川玄真《うだがわげんしん》らがいる。文化14年（1817）、江戸で病没。85歳だった。

『肖像 2之巻』（国立国会図書館蔵）より杉田玄白。

華岡青洲《はなおかせいしゅう》（1760〜1835）

宝暦10年（1760）、紀伊（現・和歌山県）の村医者の子として生まれた華岡青洲は、23歳の時に京へ遊学し、古《こ》医方《いほう》（漢方医学の一派）と蘭方外科を3年学んだ。帰郷して家業を継いだ青洲は、漢方と蘭方のそれぞれ良いところを折衷する研究を続ける過程で、かつて中国で麻酔を使った手術を行ったという情報に興味を持ち、麻酔薬の研究を始める。研究の過程では、被験者となった母が亡くなり、妻が失明するという不幸にも見舞われながら、青洲は麻酔薬「通仙散《つうせんさん》」を完成させた。

そして文化元年（1804）、青洲は麻酔を使用した乳がんの摘出手術に成功する。欧米で初めて全身麻酔が行われたのは、それから約40年後のことであった。その後、青洲は内科と外科の合一を理想とする医塾「春林軒《しゅんりんけん》」を開き、多くの弟子を育成。文化10年（1813）には紀伊藩から藩医就任の要請を受け、在野の医師としての仕事と兼業しながら職務にあたった。天保6年（1835）、76歳で死去。

『医家先哲肖像集』（国立国会図書館蔵）より華岡青洲。

徳川家重《とくがわいえしげ》（1711〜1761）

虚弱体質だった9代将軍

享保の改革を主導した徳川吉宗が江戸期を代表する将軍として高く評価されていることに比べると、その子で9代将軍の徳川家重の評価は芳しくない。そもそも、家重は将軍としての職務を全うできるような健康状態ではなかったともいわれている。

吉宗も、家重を英明な将軍に育てようと多くの勉学の師をあてがった。しかし、生まれながらに虚弱体質であった家重の勉学ははかどらなかった。

また、家重は「ヒゲを剃《そ》る」「髷《まげ》を結う」など身だしなみを整えることを嫌ったとの話も残っている。これは、身だしなみに気をつかうことが億劫《おっくう》になるほど、健康状態が悪い日が多かったためといわれている。

『絵本 徳川十五代記』（国立国会図書館蔵）より9代将軍家重。

そして、もっとも大きな問題は、言葉が不明瞭であったことだ。家重が発した言葉の意味を理解できたのは、側近として仕えた大岡忠光《おおおかただみつ》だけだったともいわれている。

江戸時代には、将軍が自ら政治を行うことは珍しかった。そのため、将軍が多くの才に恵まれている必要はなかったが、家重ほど極端にコミュニケーションが取れないとなると、儀式などで将軍の任務を果たすことも困難だったはずだ。

なお、家重と唯一コミュニケーションを取ることができたとされる忠光は、吉宗が家重を補佐させるために側近として選んだ人物であるが、当時、将軍の意志を理解できる唯一の側近として権勢を集めたという。

ちなみに、吉宗は忠光の他にも、家重を支えるため数人の側近を用意した。その一人が田沼意次である。16歳で家重の小姓《こしょう》として仕えた意次は、33歳で御側御用取次となり、その後、徐々に権力の中枢へと昇り詰めていく。

ある記録によると、家重は自身の死に際し、10代将軍となる嫡男・家治に対して「意次は優秀な人材であるから、重用するように」との言葉を遺《のこ》したという。

なぜ、ここまで意次を信頼したのか、その理由は定かではないが、家重が意次を非常に気に入っていたことは間違いないだろう。

徳川家治《とくがわいえはる》（1737〜1786）

『絵本 徳川十五代記』（国立国会図書館蔵）より10代将軍家治。

「田沼時代」の陰で生きた将軍

虚弱体質だった9代将軍徳川家重に対して、その子で10代将軍の徳川家治は、まったくタイプの異なる人物だったようだ。家治には、それを示す以下のようなエピソードがある。

ある日、家治は自身の世話役に「お前は隣に住んでいる者ともうまく人間関係を築いていてとても良い。それに比べて私は隣に住んでいる者のことをさっぱり知らない」と話しかけた。しかし、世話役からすれば江戸城に住む将軍の「隣に住む人」が誰なのか、さっぱりわからない。そのため反応に困っていると、家治の「隣に住んでいる人」とは、中国や朝鮮など海外のことを指していたことがわかったという。家治のスケールの大きさがわかる逸話である。

祖父の徳川吉宗も、孫の家治に期待をしていたようで、幼い家治を自身の膝の上に乗せて天下国家について語りかけ、帝王学を学ばせようと一流の教師を用意したという。

一方、家治はそれに応えて勉学に励み、さらには鉄砲も百発百中の腕前、弓術や乗馬も巧みにこなし、吉宗を大いに喜ばせた。家治自身も偉大な祖父との思い出を終生忘れることはなく、年老いても側近らに吉宗の話をしていたという。

このように家治は才気あふれる将軍だったが、歴代将軍と比べてやや影の薄い存在である。その理由は、政治面でその才能を発揮することがなかったためだ。

家治の時代は「田沼時代」の全盛期。そのためもあり、家治が直接政治に携わることはまったくなかった。家治自身も、行政の実務よりは、父・家重の代で途絶えていた日光への参拝など、将軍としての儀礼的なものの復活に力を注いだ。また、家治は絵画が得意で、気に入った作品には「政事之暇《せいじのひま》」の落款《らっかん》を押したという。

なお、家治は生前に嫡男・家基《いえもと》を失い、意次の意見を入れ一橋家から治済《はるさだ》の嫡男・家《いえ》斉《なり》を迎えた。のちの11代将軍である。

天明6年（1786）8月、水腫を患い療養中だった家治は、意次が連れてきた町医者が調合した薬を服用して急死した。しかし、その死が公表されたのは意次失脚後の9月だった。

一橋治済《ひとつばしはるさだ》(1751～1827)

将軍の跡継ぎをめぐり暗躍

一橋治済は、田沼時代に我が子を将軍にするため暗躍したとされる人物である。

一橋家は、御三卿《ごさんきょう》の一つであった。

御三卿とは、8代将軍徳川吉宗が、将軍の跡継ぎを輩出することを目的に設置したもので、吉宗の次男・宗武《むねたけ》を当主として田安《たやす》家、吉宗の四男・宗尹《むねただ》を当主として一橋家、吉宗の嫡男で9代将軍家重の次男・重好《しげよし》を当主として清水家を起こした。

将軍の跡継ぎがいなかった場合、この御三卿から適当な人物を将軍の候補として選び出す。徳川将軍家にとって、もっとも大事なことは家系を存続させることであり、これまであった、水戸、尾張、紀伊の御三家だけでは不安であったためにつくられた。

田沼意次を重用していた10代将軍徳川家治には適当な世継ぎがいなかった。そこで、御三卿から適当な養子を迎える必要があり、そこで選ばれたのが一橋治済の長男・家斉《いえなり》であった。天明元年（1781）、家斉は家治の養子へ入り、やがて11代将軍となった。

　将軍の世継ぎが不在であれば、一橋家から養子を迎えることは特に問題もなければ、おかしなことでもない。しかし、実は同じ御三卿の田安家に勉学に優れた子がいた。彼がもし将軍家に入れば、きっと立派な世継ぎになると期待もされていた。ところが、その子は安永3年（1774）に、幕府の命令で白河藩へ養子に出されてしまう。非常に不自然な動きであった。

　白河藩へ養子に行かされた人物とは、松平定信である。のちに寛政の改革を行った定信だが、実は老中どころか、将軍になりうる人物だったのだ。

　定信が白河藩へ養子に出された背景には、自らの子を将軍にさせたい治済と、あまり優秀な人物が将軍になると自分たちの邪魔になると考えた田沼の思惑が一

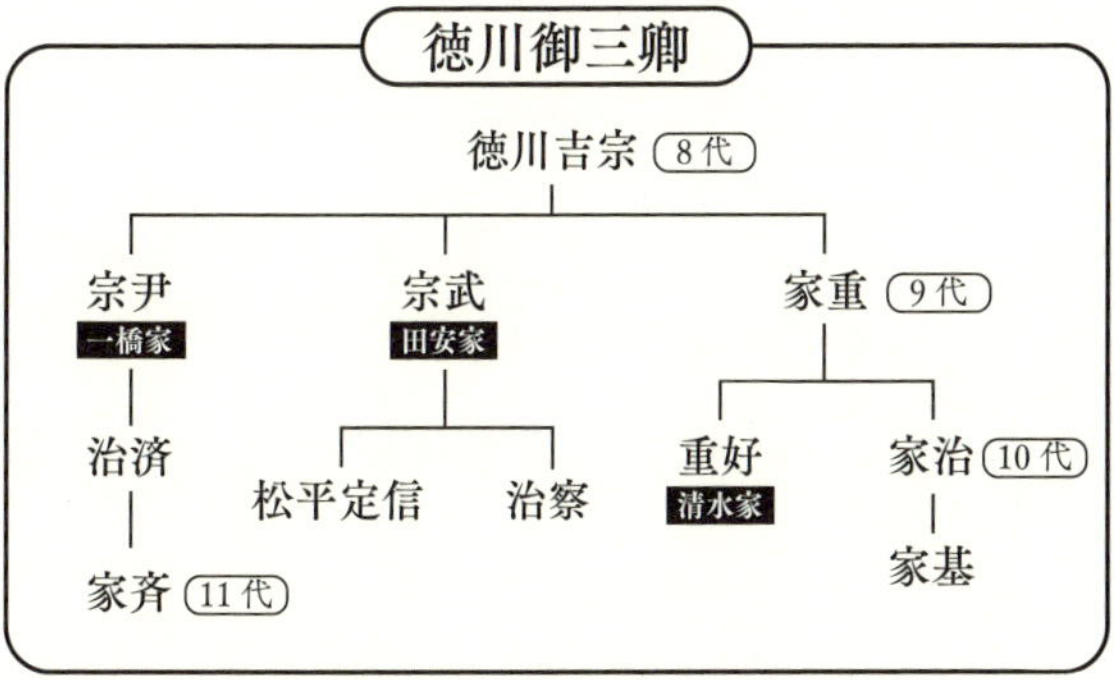

致したことによる画策があったともいわれている。

尊号《そんごう》事件と定信の失脚

時は流れ、権勢をふるった田沼は失脚する。その後、老中首座に就いたのは定信であった。

そのころ、11代将軍家斉は、父の治済を「大御所」にしたいと望んでいた。本人がそう考えたのか、それとも治済が実子・家斉に要求したのかはわからない。

「大御所」とは将軍の父に対する尊号である。家斉（または治済）からすれば、他家の養子になったとはいえ、実父である治済にはその資格があると考えたようだ。

しかしこの直前、定信は、光格《こうかく》天皇が実父・典仁《すけひと》親王に太上《だいじょう》天皇の尊号を贈りたいと願い出たにもかかわらず、名分《めいぶん》を重んじるべきとしてこれを拒否していた（尊号事件）。定信の立場としては、朝廷に許していないことを、将軍に許すわけにいかない。そのため、定信は家斉の要請を退けてしまった。

この時、定信が治済に私怨を抱いていたかどうかはわからない。しかし、家斉と定信の関係はこれが原因で崩れてしまい、やがて定信は失脚することになる。

徳川家基《とくがわいえもと》（1762〜1779）

家基の母、知保《ちほ》の方

10代将軍家治と正室・倫子《ともこ》は仲のいい夫婦であった。しかし、生まれてくる子は女子ばかりで、世継ぎには恵まれなかった。そこで家治は、世継ぎをつくるために側室を迎えることにした。

選ばれたのは御家人の娘・お知保であった。

お知保は宝暦12年（1762）10月に待望の男子を産み、子は竹千代《たけちよ》と名付けられた。この幼名は初代将軍家康、3代将軍家光らと同じであり、次代の将軍として、竹千代がいかに期待されていたかがわかる。

明和2年（1765）、竹千代は名を家基とあらため、同6年（1769）には9歳で世子《せいし》（跡継ぎ）となる。

これによりお知保は世子の実母として、大奥で大きな力を持つようになった。お知保の実家の御家人という身分は、幕臣として決して高いとはいえないものだが、その娘は世継ぎを産むことで大きな出世を遂げたのである。

一方で、家基も順調に成長していく。年を重ね周囲の状況もわかるようになってくると、家基は政治に関心を持つようになり、権勢をふるう田沼意次に対して懐疑的になり、田沼政治を批判することもあった。

反田沼陣営は、家基が将軍になればきっと田沼陣営を排除するはずだと密かに期待し、一方で田沼陣営は、家基が将軍になれば自分たちは失脚させられるのではないかと危惧するようになった。

『江戸城全図』(国立国会図書館蔵)。宝暦11年(1761)、家治の側室となったお知保は本丸大奥に入り家基を出産。家基が将軍世子となるとお知保も共に西の丸大奥へ移り、家治の死後は二の丸へと居を移した。

事故か、毒殺か

安永8年（1779）2月、家基が鷹狩りへ出掛けた帰りに品川の東海寺《とうかいじ》で休憩をしていると、突然具合が悪くなり腹痛を訴えた。そこで家基は典医・池原雲伯《いけはらうんぱく》が煎じた薬湯を飲み回復を待つことにしたが、痛みは収まらず、耐えきれなくなり急いで江戸城へ戻った。しかし、その3日後に家基は急死する。18歳であった。原因不明の家基の死に、江戸城中はもとより世間も大騒ぎになり、様々な憶測を呼ぶことになった。

雲伯は意次の息のかかった人物であったため、家基が毒を盛られたのではないかと多くの者が怪しんだ。また、嫡男（家斉）を将軍職に就かせたい一橋治済が毒を盛ったとの噂もささやかれた。しかし当時は、毒殺か否かを検証できるような技術はない。結局、家基の死因はうやむやのまま、家治は意次を重用し続けた。

天明6年（1786）に家治が亡くなると、知保の方は落飾《らくしょく》（剃髪《ていはつ》して出家すること）して蓮光院《れんこういん》と称し、その後、寛政3年（1791）に55歳で死去した。

文政11年（1828）、蓮光院は従三位《じゅさんみ》を追贈された。御台所《みだいどころ》（将軍正室）および将軍生母以外が叙位されるのは、極めて珍しいことであった。

徳川家斉《とくがわいえなり》（1773～1841）

40人の側室と、55人の子どもたち

江戸幕府の将軍職にとって、もっとも大事な任務とは何だろうか。それは多くの世継ぎ候補を残し、徳川家の血を絶やさないことだろう。徳川家が絶えてしまっては、江戸幕府の体制そのものに正統性がなくなってしまう。それは、家康が礎を築いた武家社会全体の崩壊を意味する。

そうした観点から考えると、11代将軍徳川家斉は、歴代徳川将軍の中でもっとも有能な将軍といえるかもしれない。彼は40人の側室を抱え、55人の子を残した。

また、家斉自身も非常に健康体だったようで、50年にもわたって将軍職を務め、その結果、朝廷から太政大臣《だいじょうだいじん》という最高位を得ている。徳川将軍家の中でこの位を授けられたのは、他には徳川家康、徳川秀忠だけである。

『絵本 徳川十五代記』（国立国会図書館蔵）より11代将軍家斉。

その長い在職期間中には、大きな権力交代が起きた。まず、権勢を誇っていた田沼意次が失脚。その後、老中首座に就いたのは、もとは田安家出身の松平定信だった。ところが、この定信と家斉の仲は険悪であった。そもそも、子だくさんで側室も多い家斉には、多くの予算が必要だった。子どもたちのおやつのために白砂糖を１日で６００キロ用意したという話も残っているほどだ。そのうえ、倹約の奨励や風紀の乱れにうるさかった定信は、贅沢を好む大奥の女性たちからの評判も悪かった。

こうした家斉と定信の折り合いの悪さも、のちに定信が失脚する一因となった。ところが、定信が失脚して政治の表舞台から去ると、その反動からか再び賄賂政治が横行しはじめる。そして幕府の財政も、悪化の一途をたどることになった。

さらには天保の飢饉が起こったことで庶民の生活は疲弊。各地で一揆が起こり、天保８年（１８３７）には大坂で元与力《よりき》の大塩平八郎《おおしおへいはちろう》が挙兵する騒動も起こった。同年、家斉は嫡男の家慶《いえよし》に将軍職を譲るが、その後も大御所として政治の実権を握り続けた。

のちに家斉の治世は、その贅沢ぶりから「大御所時代」と揶揄されるようになるが、一方で、贅沢を好んだ家斉が定信を排斥したことが、蔦重亡きあとに葛飾北斎や十返舎一九らが活躍する化政文化の隆盛を招いたともいわれている。

渓斎英泉《けいさいえいせん》（1791～1848）

寛政3年（1791）に江戸で武士の子として生まれた。本名は池田義信《いけだよしのぶ》。

英泉は16歳の時に安房北条藩主・水野忠韶《ただてる》の江戸屋敷に仕えるが、武家奉公に向かなかったらしく辞職し、狂言作家を目指す。しかし、こちらも挫折して一時期、流浪の身となった。

絵師としては、12歳の時に狩野白桂斎《かのうはっけいさい》に入門し、武家奉公を辞めたのちに再び、菊川英山《きくかわえいざん》、英二《えいじ》のもとで絵を学んだ。また、北斎との交遊もあり、画法を学んでいたようだ。主に美人画や風景画を得意とし、意思と妖艶さを感じさせる六頭身の女性を描いた英泉の美人画は、特に人気であった。

浮世絵師として人気を得る一方で、一筆庵可候《いっぴつあんかこう》の号で戯作者としても活躍。さらに根津《ねづ》で女郎屋も経営していた。嘉永《かえい》元年（1848）、58歳で没した。

渓斎英泉画『傾城道中双六 見立よしはら五十三つい 扇屋内花扇 江戸日本橋』（国立国会図書館蔵）。

歌川国貞《うたがわくにさだ》（1786〜1864）

天明6年（1786）、本所五ツ目（現・江東区大島）で渡船場を経営する家に生まれた。本名は角田庄《すみたしょう》五郎《ごろう》、のちに庄蔵《しょうぞう》と称する。

15歳の時に、初代歌川豊国に入門。役者絵「大当狂言ノ内」、美人画「星の霜当世風俗」「今風化粧鏡」などの人気シリーズを手掛けて、一躍人気絵師の仲間入りを果たした。五渡亭《ごとてい》とも称したが、この号は大田南畝の命名と言われている。また、英一蝶《はなぶさいっちょう》に私淑し、文政10年（1827）ころより香蝶楼とも称した。弘化《こうか》元年（1844）には、師の後を継いで2代目豊国を名乗ったが、すでに師の養子が2代目を名乗っていたため、3代目とも称される。

膨大な作品を残したことで知られ、その数は1万を超えるとも言われる。元《げん》治《じ》元年（1864）、79歳で死去。

香蝶楼（歌川）国貞画『新吉原京町一丁目 角海老屋内 艶 たまのみつき』（国立国会図書館蔵）。

歌川広重《うたがわひろしげ》（1797〜1858）

本名は安藤重右衛門《あんどうじゅうえもん》、のちに徳兵衛《とくべえ》。広重は寛政9年（1797）に、八代洲河岸《やよすがし》（現・千代田区丸の内）の定火消《じょうびけし》同心・安藤源右衛門の子として生まれた。

広重は13歳の時に父母を亡くして家職を継いだ。15歳の時には初代歌川豊国への弟子入りを望むが断られ、同門の歌川豊広に入門。文化9年（1812）から歌川広重と号するようになる。文政6年（1823）には、浮世絵に専念するため祖父の実子に家職を譲っている。当初は美人画や武者絵、役者絵などを描いていたが、やがて風景画を主とするようになり、天保2年（1831）に初期の風景画の名作「東都名所」、天保4年（1833）には代表作「東海道五十三次」を版行。風景画の第一人者としての地位を築いた。

広重の浮世絵風景画は、ゴッホなど海外の画家にも多大な影響を与えた。

歌川広重画『名所江戸百景 猿わか町よるの景』（国立国会図書館蔵）。

歌川国芳《うたがわくによし》（1797〜1861）

蔦重が没した寛政9年（1797）、国芳は江戸日本橋の染物屋の家に生まれた。15歳の時に歌川豊国に入門。文化11年（1814）ころに画壇にデビューするが、当初は売れ行きが伸びず、兄弟子の家に居候をしながら作品を作り続けた。文政10年（1827）、当時の水滸伝ブームを背景に連作『通《つう》俗水滸伝豪傑百八人之一個《ぞくすいこでんごうけつひゃくはちにんのひとり》』を発表し大ヒット。一躍人気絵師としての地位を確立する。国芳は、美人画、役者絵、武者絵、風景画、花鳥画、風俗画、戯画、風刺画など、あらゆるジャンルの浮世絵を手掛けた器用な絵師でもあった。また、奇抜なアイデアを絵に落とし込む技術に優れ、「奇想の画家」とも呼ばれる。弟子も多く、落合芳幾《おちあいよしいく》、月岡芳年《つきおかよしとし》、河鍋暁《かわなべきょう》斎《さい》らを輩出した。

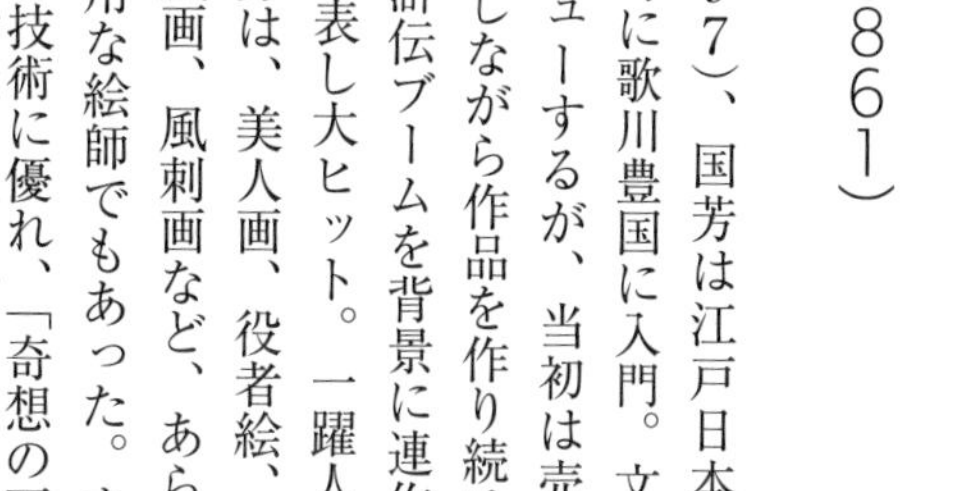

一勇斎（歌川）国芳画『滝夜叉姫と骸骨の図（相馬の古内裏）』（国立国会図書館蔵）。

河鍋暁斎《かわなべきょうさい》（1831〜1889）

天保2年（1831）、暁斎は下総《しもうさ》古河《こが》藩士・河鍋喜右衛門《きえもん》の次男として生まれた。その後一家で江戸に出て、7歳のころに歌川国芳に入門、天保11年（1840）には狩野派の絵師・前村洞和《まえむらとうわ》、翌年にはその師・狩野洞白《かのうとうはく》に師事した。その後、流派に縛られることを嫌った暁斎は狩野派から独立。このころ、暁斎は多くの画法を取り入れるため、土佐派や琳派、円山四条派なども学び、中国画や西洋人体図など海外の画法も研究した。また、北斎の影響で戯画も好んで描いた。

明治3年（1870）、暁斎は新政府の役人を批判する戯画を描き捕らえられ、鞭叩き50回の刑となった。翌年に放免され、「暁斎」を号するようになる。暁斎には多くの弟子がおり、その中には鹿鳴館の設計者として知られる建築家ジョサイア・コンドルもいた。明治22年（1889）、59歳で没した。

応需（河鍋）暁斎楽画『地獄太夫かいこつの遊戯をゆめに見る図』（東京都立中央図書館蔵）。

月岡芳年《つきおかよしとし》（1839〜1892）

天保10年（1839）、江戸の商家に生まれる。幼い時から絵師を目指し、12歳で歌川国芳に入門、15歳の時に武者絵でデビューした。

慶応《けいおう》2年（1866）、28歳の時に兄弟子・落合芳幾との共作による残酷絵シリーズ「英名二十八衆句」を発表し、芳年は一躍人気絵師となる。幕末から明治初年にかけては、菊池容斎《きくちようさい》らに学び歴史画を多く発表した。

明治5年（1872）ころに精神を患い、翌年に「大蘇芳年《たいそよしとし》」に号を改める。その後は、『郵便報知新聞』『絵入自由新聞』『やまと新聞』などの新聞挿絵で活躍する一方で、『月百姿』『風俗三十二相』などの美人画も手掛けた。

明治25年（1892）、54歳にて没。芳年は、浮世絵が衰退しつつある時期に活躍したことから「最後の浮世絵師」とも称される。

月岡芳年画『新形三十六怪撰 おもゐつゝら』（国立国会図書館蔵）。

蔦屋重三郎関係年表

※年齢は数え年です。

年	年齢	蔦屋重三郎および耕書堂	同時代の出来事
寛延3年（1750）	1歳	1月7日、丸山重助と廣瀬津与の子として新吉原に生まれる。	
宝暦6年（1756）	8歳	両親が離婚し、新吉原で茶屋「蔦屋」を営む喜多川家の養子となる。	
宝暦8年（1758）	9歳		松平定信が誕生。
宝暦10年（1760）	11歳		徳川家治が10代将軍に就任。
安永元年（1772）	23歳	義兄の店の一部を間借りして、吉原大門の前に書店「耕書堂」を開く。	田沼意次が老中に就任。明和の大火が発生し、元号が安永に改められる。
安永2年（1773）ころ	24歳	地本問屋の鱗形屋孫兵衛と提携し『吉原細見』の小売りを始める。	徳川家斉が誕生。
安永3年（1774）	25歳	『吉原細見』の改め（編集）および卸し売りをする。初の刊行物『一目千本』（北尾重政）を出版。	杉田玄白、前野良沢らの『解体新書』出版。
安永4年（1775）	26歳	『吉原細見』の版権を得て、7月に『吉原細見 籬《まがき》の花』出版。	喜多川歌麿が初作『四十八手恋所訳』下巻表紙絵を描く。初の黄表紙とされる『金々先生栄花夢』（恋川春町作・画）を鱗形屋孫兵衛が出版。
安永5年（1776）	27歳	『青楼美人合姿鏡』（北尾重政・勝川春章）出版。	平賀源内がエレキテル復元。上田秋成『雨月物語』出版。

安永6年（1777）	28歳	書肆（書店）として独立。朋誠堂喜三二（平沢常富）、山東京伝（北尾政演）らと親交を深める。	大坂で歌舞伎『伽羅先代萩』初演。
安永8年（1779）	30歳		老中首座・松平武元が死去。
安永9年（1780）	31歳	初の往来物『大栄商売往来』『耕作往来千秋楽』、初の黄表紙『伊達模様見立蓬莱』などを出版。	
天明元年（1781）	32歳	黄表紙『見徳一炊夢』（朋誠堂喜三二）出版。同書が絵草紙評判記『菊寿草』で巻頭極上上吉にに位付けされる。黄表紙『身貌大通神略縁起』（喜多川歌麿、志水燕十）出版。	
天明2年（1782）	33歳		天明の大飢饉が発生。
天明3年（1783）	34歳	地本問屋・丸屋小兵衛の株を買い取り、日本橋通油町（現・東京都中央区日本橋大伝馬町）に進出。「蔦唐丸」の名で狂歌連に参加。	浅間山大噴火。四方赤良（大田南畝）、朱楽菅江編『万載狂歌集』を須原屋伊八が出版。
天明4年（1784）	35歳	絵本『吉原傾城新美人合自筆鏡』（北尾政演）出版。	若年寄・田沼意知が暗殺される。
天明5年（1785）	36歳	深川で狂歌会を主催し、詠まれた百首をまとめた『狂歌百鬼夜狂』を出版。	
天明6年（1786）	37歳	絵入狂歌本『吾妻曲狂歌文庫』（北尾政演、宿屋飯盛）出版。	徳川家治が死去。老中・田沼意次が失脚。最上徳内らが千島を探検。
天明7年（1787）	38歳	絵入狂歌本『古今狂歌袋』（北尾政演、宿屋飯盛）出版。	徳川家斉が11代将軍に就任。松平定信が老中首座・将軍補佐となり「寛政の改革」に着手。
天明8年（1788）	39歳	山東京伝、鶴屋喜右衛門らと日光・中禅寺湖に旅行。黄表紙『文武二道万石通』（朋誠堂喜三二）出版。絵入狂歌本『画本虫撰』（喜多川歌麿）出版。	田沼意次が死去。鳥山石燕が死去。

寛政元年（1789）	40歳	黄表紙『鸚鵡返文武二道』（恋川春町、北尾政美）出版。絵入狂歌本『潮干のつと』（朱楽菅江、喜多川歌麿）出版。	幕府が棄捐令を発布。恋川春町が幕府から呼び出しを受けるも拒否し、隠居後に死去。
寛政2年（1790）	41歳	黄表紙『本樹真猿浮気噺』（蔦唐丸、喜多川歌麿）出版。洒落本『傾城買四十八手』（山東京伝）出版。絵入狂歌本『百千鳥狂歌合』（喜多川歌麿）出版。	幕府が出版統制令を発布。長谷川宣以の献策により石川島に人足寄場を設置。大田南畝『浮世絵類考』出版。
寛政3年（1791）	42歳	黄表紙『人間一生胸算用』（山東京伝）出版。山東京伝の洒落本3冊『仕懸文庫』『錦之裏』『娼妓絹籭』が取締りの対象となり、財産の一部を没収される。錦絵『婦女人相十品』『婦人相学十躰』（喜多川歌麿）出版。	山東京伝が手鎖50日の刑に処せられる。
寛政4年（1792）	43歳	曲亭馬琴が蔦屋の手代となる。	大黒屋光太夫とともに根室に来航したロシアのラスクマンが通商を要求するも、幕府は拒否。
寛政5年（1793）	44歳	錦絵『歌撰恋之部』（喜多川歌麿）出版。	松平定信が老中ならびに将軍補佐を辞職。
寛政6年（1794）	45歳	東洲斎写楽の大首絵28図を一挙に出版。十返舎一九が蔦屋の居候となる。	
寛政7年（1795）	46歳	黄表紙『心学時計草』『新鋳小判䑋』『奇妙頂礼胎錫杖』（十返舎一九）出版。本居宣長と面会後、宣長の『手枕』『玉勝間』を江戸で出版。	
寛政8年（1796）	47歳	読本『高尾船字文』（曲亭馬琴）出版。脚気を患い病の床に就く。	
寛政9年（1797）	48歳	5月6日に病没。	

朋誠堂喜三二作・北尾重政画、蔦屋重三郎出版『亀山人家妖《きさんじんいえのばけもの》』（国立国会図書館蔵）の扉絵。朋誠堂喜三二（左奥）に、年始の挨拶がてら来年の正月用の新刊絵本の依頼をする、気の早い蔦屋重三郎（右前）。

【主要参考文献】

『朝日日本歴史人物事典』朝日新聞社編（朝日新聞出版）／『時代考証事典』稲垣史生著（新人物往来社）／『江戸学事典』（弘文堂）／『江戸幕閣人物100話』萩原裕雄著（立風書房）／『江戸奇人・稀才事典』祖田浩一著（東京堂出版）／『奇伝 江戸人物誌』八剣浩太郎著（新人物往来社）／『歴史人 十二月号増刊 蔦屋重三郎とは、何者なのか?』（ABCアーク）／『物語 江戸の事件史』加太こうじ著（立風書房）／『田沼時代』辻善之助著（岩波書店）／『田沼意次の時代』大石慎三郎著（岩波書店）／『黄表紙・洒落本の世界』水野稔著（岩波書店）／『江戸の出版統制』佐藤至子著（吉川弘文館）／『出版事始－江戸の本』諏訪春雄著（毎日新聞出版）／『江戸の本屋さん』今田洋三著（平凡社）／『浮世絵の見方事典』吉田漱著（北辰堂）／『図説浮世絵入門』稲垣進一編（河出書房新社）／『蔦屋重三郎と天明・寛政の浮世絵師たち』（太田記念美術館）／『蔦屋重三郎 江戸芸術の演出者』松木寛著（講談社）／『江戸の人気浮世絵師 俗とアートを究めた15人』内藤正人著（幻冬舎）／『別冊太陽 浮世絵師列伝』（平凡社）／『浮世絵の基礎知識』吉田漱編（雄山閣）／『酒井抱一 俳諧と絵画の織りなす抒情』井田太郎著（岩波書店）／『人物叢書 山東京伝』小池藤五郎著（吉川弘文館）／『人物叢書 平賀源内』城福勇著（吉川弘文館）／『人物叢書 滝沢馬琴』麻生磯次著（吉川弘文館）／『人物叢書 大田南畝』浜田義一郎著（吉川弘文館）

監修　山村竜也（やまむら・たつや）

歴史作家、時代考証家。1961年生まれ、東京都出身。中央大学卒業。多くの時代劇作品の考証を担う。これまで担当した作品は、NHK大河ドラマ『新選組!』『龍馬伝』『八重の桜』や同局『広重ぶるう』、映画『HOKUSAI』など。2025年にはNHK大河ドラマ『べらぼう～蔦重栄華乃夢噺～』の考証を控える。著書に『幕末維新 解剖図鑑』（エクスナレッジ）、『世界一よくわかる幕末維新』『世界一よくわかる新選組』（ともに祥伝社）、『幕末武士の京都グルメ日記』（幻冬舎）など多数。

宝島社新書

蔦屋重三郎
江戸のメディア王と
世を変えたはみだし者たち
（つたやじゅうざぶろう
えどのめでぃあおうとよをかえたはみだしものたち）

2024年10月5日　第1刷発行

監　修　山村竜也
発行人　関川　誠
発行所　株式会社　宝島社
〒102-8388 東京都千代田区一番町25番地
電話：営業　03(3234)4621
編集　03(3239)0646
https://tkj.jp
印刷・製本　中央精版印刷株式会社

Printed in Japan
ISBN 978-4-299-05971-0